SHODENSHA
SHINSHO

意外と知らない「社名」の話

瀬戸 環

JN264891

祥伝社新書

はじめに

日本の伝統名か、ヨコモジ名か
――社運を左右するのは「画数」より「発音」の時代？

新しく会社を興そうとするとき、社名やブランド名は頭を悩ませることのひとつ。親心と同じで、なんとか開運名をつけたい。だがひとつしかつけられないとなると肩に力が入るし、知恵を絞りにしぼって考えた名前でも意外ともう商標登録されていたりして、また振り出しに戻ったりするから、かなりの大仕事である。英語はもとよりフランス語、ドイツ語、中国語、はてはラテン語の辞書まで総動員して候補を考えるが、どれも帯に短し、たすきに長し。こめる願いが多いぶんだけあれもこれもで、決定打が出ない。

とはいうものの、消費者側の目で世の中を見渡してみると、意外と同じ社名や屋号が使われていることに気づく。「富士○○」という会社は全国にたくさんあるし、さまざまな地方で「〇〇毎日新聞」が発行されているの、と思いきや、同じ名前をみんなで仲よく使っているのは問題ないのだそうな。商標登録はあくまでも「社名、屋号、ブランド名、トレードマークなどの商標を独占したい場合」に必要になるものであり、商標登録していない言葉を会社名にするのは、他社がそれを独占していなければいっこうにかまわない。そのため全国にいろいろな毎日新聞があり、互いに関係がなくても平和共存している、ということらしい。ただし「富士」を社名の一部に入れることは自由でも、例えば「**富士フイルム**」となるとこれをまるごとで商標登録している会社があるので使えない、ということになる。

それにしても、富士とか毎日とか朝日とか、規模の大きな複数の会社に同じ名前が使われているのを目にすると、やはり「社名」と「社運」には密接な関係があるのかな、という気もする。

姓名判断の専門家たちに言わせると「会社の名前」と「社長の名前」は、その社運の盛衰に大きく影響するという。多くはその漢字の画数とその組み合わせで占うようだが、最近急増している横文字名はどうなるのだろう。アルファベットでも画数がわかる、ということにはなっているが、たとえば「Time」は九画で吉、とかいわれても、ピンと来ないし、いまひとつ説得力に欠ける気がする。

ただし現行では外国語の社名もカタカナに直して登記するルールになっているので、カタカナ表記での画数で占うのかもしれない。

社名の吉凶を占うのに支障があったとしても、やはり二一世紀に国際企業としてワールドワイドな知名度を求めたら、日本語にこだわってばかりはいられない。

二〇〇八年一〇月一日、創業九〇周年の節目の年に、**松下電器**が「**パナソニック**」に社名を変更した決断は、業界に激震を呼んだ。パナソニックはもともと海外向け商品のブランド名として一九五五年から使っていたもので、耳慣れないわけではないが、国内向け商品のブランド「**ナショナル**」と並んで松下電器の二大ブランド名に過ぎなかったし、そもそも松下電器の「松下」は経営の神様と仰がれ、同社のイザナギ的存在になった創業者「松下幸之助」に由来する。

松下幸之助の松下電器がパナソニックになってしまうなんて、社長室に置かれた名物の招き猫がペルシャ猫の置物に取って代わられたようではないか。それに国内では知名度の点で大打撃を受けるのは必至だ。過去に莫大《ばくだい》な予算を組んだ（と思われる）TVCF戦略により中年以上の日本人のハートに刷り込まれた、「明る〜いナショナ〜ル、明る〜いナショナ〜ル、みんな家中な〜んでもナショ〜ナ〜ル〜♪」というあのCMソングのサブリミナル効果すらもチャラになってしまうのだ。

ちなみにこれまでの調査でも、日本人の中には「ナショナル松下電器」と「パナソニック」は別会社だと思っている消費者が多く、もうすこしましなケースでも「パナソニックは松下電器の子会社」と考えている人は少なくない。しかし、同社の現社長、大坪文雄は苦渋の選択をした。同社では「PAN（ひろく）SONIC（音）の二単語の組み合わせで作った造語。松下製品が生み出す音が世界中に届いてほしいという願いをこめた」と発表した。さらに「〝松下〟という日本語は外国人にはきわめて発音しづらいうえ、世界的な知名度は低い」ともコメントしている。確かに「マツシタ」という単語は外国人には言いづらい。言葉の中間に入る「ツ」や「シ」が言いづらいようだ。そのため、これまでも松下電器は海外の投資家やアナリストなどの間では「**マツシタ・エレクトリック・インダストリアル**」の頭文字をとって「MEI」

と呼ばれてきた。松下の名字がせめて、山本、いや小浜（オバマ）だったら、事情は変わっていたに違いない。

松下電器は二〇〇六年度には過去二〇年で最高の業績を記録したにもかかわらず、海外事業の成長率は伸び悩んだ。決定打だったのがアメリカのマーケティング会社が発表した「世界ブランド価値ランキング」の惨憺《さんたん》たる結果。**トヨタ、ソニー**、韓国のサムスンも上位に食い込む中、パナソニックは七〇位台という不名誉な結果に終わったのだ。こうなってくると、国際企業の社名のポイントは「画数」よりもむしろ「外国人にも発音しやすく覚えやすい、響きのよい名前」であることは明らか。ソニーは「**東京通信工業**」という社名を創業から一二年目の一九五八年という早い段階で**SONY**に変えている。この事実は先見の明があったと評価されていいだろう。

結局、老舗の松下電器もグローバル戦略の前には「松下」の看板を下ろさねばならない時代を迎えたのだ。

この改名に伴う支出は三〇〇億円とも四〇〇億円ともいわれている。ロゴの変更、印刷物の刷新、看板から社員ひとりひとりの名刺まで、改名は高くつく。二〇〇六年に就任した大坪社長の初仕事といってもいい大事業、結果如何《いかん》でご本人の進退を決めかねない。社名のトレンドは時代とともに、また会社の事業内容とともに変化するのはやむを得ないことであり、会社も長く繁栄すれば、どんなに熟考された社名であってもまた見直される運命にあるといえそうだ。

さて、社名も世につれグローバルトレンドにつれ――。

というところで、二一世紀版「社名伝説」を集めてみた。社名のウラには、その会社の歩んだストーリーが見え隠れしている。人間の考えるところ、古今東西を問わず、やはり似たようなものだ。楽しんでいただければ幸いである。

二〇〇九年四月

瀬戸《せと》 環《たまき》

意外と知らない「社名」の話――目次

第1章　似た社名でも無関係

コーヒーの「ウエシマ」といえば……？

コーヒーを扱うメーカーは日本にも数多いが、その中でも目に留まるのは「ウエシマ」と名のつく社名だろう。**UCC上島珈琲**《うえしまコーヒー》を始め、**ウエシマコーヒー**、**ウエシマコーヒーフーズ**、**サッポロウエシマコーヒー**、**上島珈琲貿易**と、主だったものだけでも五社あり、紛《まぎ》らわしい。混同されていた人も多いのではないか。はて、ではこれらの会社はすべて同じ会社なのだろうか？

昭和四四年に世界初のミルク入り缶コーヒー、「UCCコーヒーミルク入り」を発売したことでも知られるUCC上島珈琲は、昭和八年、上島忠雄《ただお》によって「**上島忠雄商店**」という名前の個人商店として創業された。当時は輸入食料品全般を扱っており、やがてその中でもとくにコーヒーの魅力にとりつかれた上島は、昭和二六年に上島珈琲株式会社を設立。以後はコーヒーを中心に扱うメーカーへと生まれ変わる。

このとき、社名の英語表記「UESHIMA COFFEE COMPANY」の頭文字を抜き出した、「UCC」のロゴマークも誕生している。

平成一三年からは、古きよき日本独自の喫茶文化を見直そうと、レトロモダンを基調にした珈琲店「上島珈琲店」を関東圏と関西圏で店舗展開している。つまり、この上島珈琲店はＵＣＣ上島珈琲による直営店の一形態というわけだ。

このように、ひとまずＵＣＣ上島珈琲をベースにしてそれぞれの企業との関係性を見てみよう。

ウエシマコーヒーとサッポロウエシマコーヒー

昭和四九年に東京の目黒で設立された**ウエシマコーヒー**は、現在**ＵＣＣ上島珈琲**の一〇〇パーセント子会社だ。もともとは自社ブランドを持つＵＣＣ上島珈琲とも別の会社だったのだが、同じコーヒーを扱う会社だということで子会社化されることになった。とはいえ、業務展開としてはその自社ブランドのコーヒーを販売、ＵＣＣブランドのコーヒーは販売していないそうで、お互いに単純な親子会社という関係でしかないようだ。

昭和三三年に上島達司《たつじ》によって創業された**サッポロウエシマコーヒー**。こちらは平成二〇年の五月にＵＣＣ上島珈琲のグループ事業会社として子会社化された会社だ。

同じ子会社であるウエシマコーヒーとはUCC上島珈琲系列会社という関係である。こちらももともとは北海道を中心に営業をしていた、UCC上島珈琲とはまったく別の会社だったのだが、やはり同じコーヒーを扱い、社名にウエシマの名を持つことからグループ事業化されたということらしい。とはいえ三菱商事と一緒にUCC上島珈琲が合弁会社として出資していたという経緯もあることから、設立には両者の関わりがないとはいえ、会社としての縁は子会社化の前からすでにあったようである。

ユーコーヒーウエシマというブランド名で、こちらもやはり「MATAIオリジナルコーヒー」といった独自の商品販売を今でも続けている。

上島珈琲貿易とウエシマコーヒーフーズ

UCC上島珈琲よりも一年早い昭和七年に大阪で創業された**上島珈琲貿易**は、コーヒーを中心とした食品製造卸業社だ。その業務形態はUCC上島珈琲とよく似ているが、それもそのはず、UCC上島珈琲創業者、上島忠雄の兄である上島勝が同社の創業者なのである。とはいえ兄弟で同じ種類の業種を選んだというだけで、お互い企業

図１：「上島」と「ウエシマ」

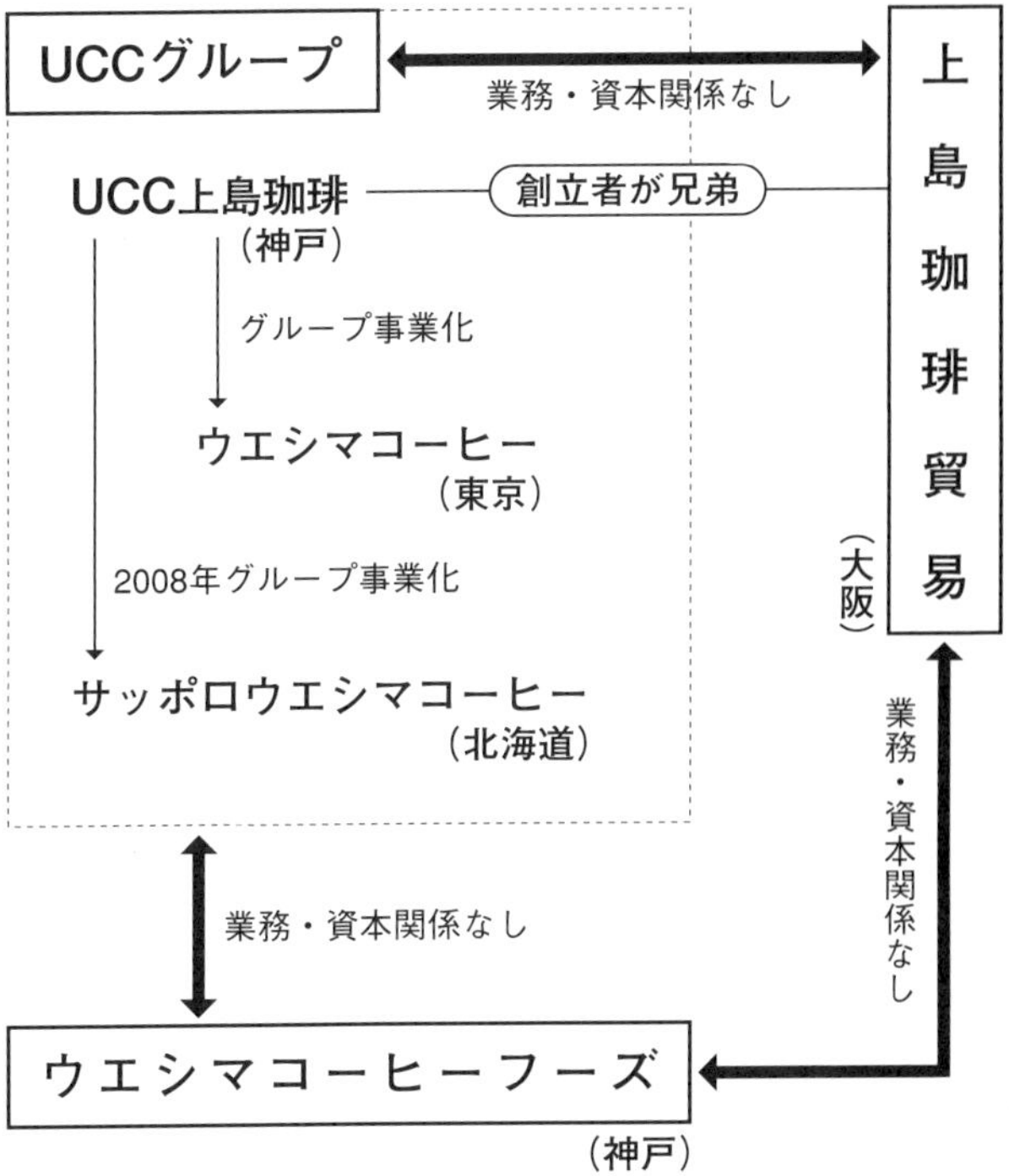
UCCグループ
業務・資本関係なし
上島珈琲貿易
（大阪）
UCC上島珈琲
（神戸）
創立者が兄弟
グループ事業化
ウエシマコーヒー
（東京）
2008年グループ事業化
サッポロウエシマコーヒー
（北海道）
業務・資本関係なし
業務・資本関係なし
ウエシマコーヒーフーズ
（神戸）

としては関連がないというのだからこれまたややこしい。

全国展開しているUCC上島珈琲とは違い、こちらは主に関西地区を中心にコーヒー専門店の経営や業務用コーヒーの販売などを手がけている。コーヒー豆と焙煎に強くこだわっており、深く地域に根ざしたメーカーという印象だ。ブランド名の「MY UESHIMA COFFEE」をMUC（マック）と略称し、大阪では古くから「マックさん」「マックコーヒー」などと呼ばれて親しまれてきた。そのためか、ハンバーガーショップチェーンのマクドナルドが大阪で「マック」ではなく「マクド」と略されるのは、上島珈琲貿易の存在があったからというまことしやかな説があるほど。

これらの企業よりもさらに早い大正一四年に、上島一泰《かずやす》によって創業されたコーヒー販売のメーカーが**ウエシマコーヒーフーズ**だ。こちらは、UCC上島珈琲と同じ神戸に本社を置くため、さらに紛らわしい。神戸在住の人でも、兄弟がそれぞれで創業した会社だと思っていることが多いが、資本・人材を含めてほかのウエシマとつく企業とは一切関係がない独立した企業である。

「U.COFFEE FOODS SINCE.1925 KOBE」というブランドで営業展開をしており、

その愛称である「U.COFFEE」は「ユ・コーヒー」と呼ぶのが正しい。ユーコーヒーと呼ぶと**サッポロウエシマコーヒー**のブランドになってしまうので、こちらもややこしいが、まったくの別物なのである。

ウエシマと名前のつくコーヒー販売メーカーが全国的に創業していたのは、まったく不思議。ウエシマという姓とコーヒーはすごく相性がいい？——のだろうか。

三菱グループではない三菱鉛筆

三菱グループのトレードマーク「スリーダイヤモンド」。このマークは三菱財閥の創業主である岩崎家の家紋「三階菱《さんがいびし》」と土佐《とさ》山内《やまのうち》家の家紋「三ツ柏《みつがしわ》」から考案されたもの。このマークと三菱の商号は、三菱社名商標委員会により第三者による無断使用を禁止されている。

このように厳しく管理をしているのは、昔から三菱の名を利用する悪徳業者が多いからだ。三菱グループとは無関係であるにもかかわらず「三菱」の名称や商号、スリーダイヤのマークを使い、「岩崎三菱会に属する」と称し、投資の勧誘を行なう事件が後を絶たないという。困ったものである。

だが一方で、「**三菱鉛筆**」のように、三菱グループとは関連が一切ないが「三菱」を堂々と名乗り、スリーダイヤを会社のマークとして用いている企業もある。もっともそれには理由がある。

三菱鉛筆は明治二〇年、眞崎仁六《まさきにろく》が内藤新宿《ないとうしんじゆく》（新宿区内藤町）で創業した。当初の社名は「**眞崎鉛筆製造所**」である。それまで鉛筆は外国製品がほとんどだったが、眞崎は良質な芯の開発に成功し、これを元に高品質の鉛筆を三種類発売したところ、これが大成功。眞崎の作った鉛筆は、国産としては初の逓信省《ていしんしよう》（交通と電信を扱う省）御用達の鉛筆となった。

そして、この成功を後世まで残そうと考えた眞崎は、新たなブランドを商標として登録することにしたのだが、このとき考案されたのが、眞崎家の家紋である「三鱗《みつうろこ》」と三本の鉛筆をモチーフに図案化された「スリーダイヤマーク」だった。「三つの菱（ダイヤ）型」からブランド名は「三菱鉛筆」となった。

その後、大正一四年に**大和《やまと》鉛筆**と合併し、「**眞崎大和鉛筆**」と改名したが、この頃になると「三菱鉛筆」のブランド名のほうが有名になってきたため、昭和二七年、社名を三菱鉛筆に改める。この三菱鉛筆のスリーダイヤのマークは、三菱グループが商標登録をするずっと前から三菱鉛筆が用いているため、三菱グループはいくら企業規模が大きくても、その使用を規制することができないのだ。

ユニブランドができた理由

このように三菱鉛筆は、三菱グループとは一切の資本・人的関係がないまま「三菱」の名称とスリーダイヤを共有している。そうなるとトラブルのひとつやふたつ、あってもおかしくはなさそうだが、とくに両社間で大きな問題が起きたことはない。

偶然にも両社には競合する事業分野もなく、ライバル関係にはならないので、同じ商標を使うことに合意しているのだ。

現実に、過去には三菱財閥側から「傘下に入らないか」と話を持ちかけたこともある。三菱グループに入れば、強大な資金も手に入り、いろいろと恩恵にあずかることも予測されたが、三菱鉛筆はこれを断り、現在に至っている。

しかし、そうはいっても同じ「三菱」と同じマーク。今でも「三菱鉛筆は、三菱グループの一員なんでしょ?」と思っている人が圧倒的に多い。太平洋戦争後に日本を一時統轄したGHQもそう思い込んでいて、財閥解体が行なわれたときには「三菱財閥の一員である三菱鉛筆は、商標を変更しろ」と迫られたことがある。このときは当時の経営陣が「ウチは三菱財閥と一切関係ないですから」と粘り強く主張し、危うく難を逃れることができた。だが何度主張しても疑惑の念が消えなかったのか、その頃の鉛筆の外箱には「弊社は、三菱財閥とは関わりがありません」と記載されていたという。その後も混同されることが多かったので、三菱鉛筆は昭和三三年から自社の鉛筆に「uni(ユニ)」というブランド名をつけ、事業展開を始めた。

このように両社は事業については一切の関係がない。だがおもしろいことに、三菱鉛筆と三菱グループの岩崎家には、間接的な婚姻関係がある。

岩崎家は家格《かかく》を上げるため、大名家や公家、政財界の名門家系と姻戚《いんせき》関係を結んでいるが、岩崎弥太郎《やたろう》の孫・彦弥太《ひこやた》の三女・美智子は、眞崎大和鉛筆(三菱鉛筆)の社長も務めた近藤賢二の孫と結婚している。ほかにも間接的な婚姻関係がいくつもあ

三菱グループではなかった……！

り、三菱グループと三菱鉛筆の混同に拍車をかけている。

これは三菱グループ?

ちなみに熊本県に本社を置く**弘乳舎**《こうにゅうしゃ》から「三菱サイダー」という、スリーダイヤのマークと「三菱」の名がついた商品が発売されているが、こちらも三菱グループとは関わりがない。なぜ商標の使用に問題ないかというと、三菱グループがサイダーの商標登録をしていなかったから、だそうだ。

また大阪には、スリーダイヤは使用していないものの、「**三菱タクシー**」というグループ会社があるが、こちらも三菱グループとは関係がない。

逆に、**キリンホールディングス**、**日本郵船**、**明治安田生命保険**・**旭硝子**《あさひがらす》、**ニコン**、**新日本石油**など、三菱グループの一員であるにもかかわらず、「三菱」の名がついていない企業もある。

「三菱」の名がつかない理由はそれぞれの企業によって異なるが、たとえば旭硝子は岩崎弥太郎の甥にあたる俊弥《としや》が明治四〇年に創立したが、ガラスの国産化は当時とても難しいものだった。俊弥は「万一事業に失敗したら、三菱の名を汚してしまうかもしれない」と考え、三菱の名を捨て現社名としたという。

日本郵船はかつて「三菱商会」という名だったが、三井財閥によって設立された「共同運輸会社」と熾烈《しれつ》な競争を繰り広げ、最終的に両社とも深刻な経営難に陥ってしまう。両社共倒れになれば、日本の海運業界は衰退しかねなかったので、政府は両社を合併させるよう取りまとめ、明治一八年、両社は合併して「日本郵船会社」と社名も改め、「三菱」の名は姿を消した。

ちなみに「ＥＮＥＯＳ」のブランドで知られる**新日本石油**も、合併（日本石油＋三菱石油）で社名から「三菱」の名が消えた会社のひとつである。

こういった「三菱」の名がつかない企業は、基本的にスリーダイヤのマークは使っていないが、**旭硝子**の社章「菱印」は岩崎家の家紋「三階菱」を元にデザインされたもので、スリーダイヤと起源は同じである。逆に**三菱東京ＵＦＪ銀行**のように「三菱」の名前がついているものの、スリーダイヤを使っていない会社（**三菱銀行**時代はスリーダイヤを使っていた）や、**三菱電機**のように、ロゴマークはスリーダイヤだが最近のCMでは「MITSUBISHI」のロゴを使っている会社もある。

上野、東京、神戸……、「風月堂《ふうげつどう》」の本家はどこ？

扇に三日月の紋章で知られる「**風月堂**」。ちなみに正式には古字で「凮月堂」と書く。洋菓子「ゴーフル」を扱う店といえば、おわかりだろうか。この風月堂、全国各地に散らばっているが、ひとつの企業とその支店というわけではない。

さらに、「風月堂○○店」ではなく、ほとんどの店が「○○風月堂」というふうに、地名が頭についている。その主なものは、**上野風月堂、東京風月堂、神戸風月堂**の三店なのだが、このような伝統ある店舗では、大抵において本店や本家を名乗る店があったりするものだ。ところが風月堂にはその本家という名が見つからない。それでは、いったいどこが本家となるのだろうか？

風月堂の歴史は、近江出身の初代・小倉喜右衛門《おぐらきえもん》が江戸に下った延享《えんきょう》四（一七四七）年に始まる。喜右衛門は縁続きの呉服屋で修業をしながらも、「江戸には上方にあるような美味しいお菓子が少ない。商売をするなら人に喜ばれるものを作るべきだ」と決心し、江戸の京橋に、現在の風月堂の祖となる「大坂屋」を創業した。

菓子商の経営は順調であったが、喜右衛門は子に恵まれなかったため、姪の恂《じゅん》を養女に迎えることにする。恂は成長して唐津藩主の水野家に奉公し、当主の水野忠光の側室となり、天保の改革で知られる、後の老中・水野忠邦《ただくに》を産んでいる。そして恂は宿下がりして二代目喜右衛門を婿に迎えたが、この縁がもとで、大坂屋は水野忠邦のお出入り菓子職人として厚遇され、次第に諸大名の評判を集めることになっていく。そして、ついには松平定信に気に入られ、定信から「凮月堂清白《せいはく》」の五文字を賜ったという。

これを喜んだ水野忠邦は、時の名書家・市川米庵《べいあん》を招いて巨大な白布に「凮月堂」と書かせ、二代目喜右衛門へと贈ってやった。以来この白布を暖簾《のれん》に掲げることとなり、この日から大坂屋は凮月堂となった、というわけだ。このとき同時に喜右衛門も、小倉姓から大坂屋の文字頭をとった大住《おおすみ》という姓に改姓している。ちなみに現在使われている店舗の文字も、この「凮月堂」の暖簾《のれん》の文字が使われている。

このように幕府の関係者によって誕生し、将軍様のお膝元である江戸で商売を続けていたためか、明治維新後に天皇家からお声がかかった際には納品をお断りした（現在では納めている）という逸話まで残っているぐらいだ。

こうして誕生した風月堂の流れを汲《く》み、大住家によって代々受け継がれたのが、後の京橋南伝馬町「**風月堂総本店**」である。その後の明治三八年に、六代目喜右衛門の弟が分家して「上野風月堂」が誕生するのだが、やっぱり風月堂には総本店があったじゃないか、と考えるのはまだ早い。

最古の歴史を残すのは神戸風月堂

しばらくはこの風月堂総本店と上野風月堂が同時に存在していたわけだが、太平洋戦争以降になると本家である風月堂総本店では後継者の夭折《ようせつ》が相次いだことで、昭和三一年、九代目の大住清を最後に休業することとなってしまった。そのため、創設者・大住喜右衛門の血統は上野風月堂に引き継がれることとなった。総本店は姿を消したわけだが、現在まで残る上野風月堂こそが正式な「本家筋」といえるだろう。

が、ここには面白い話が隠れている。実は現存する店舗の中で最古の歴史を持つのは、本家筋の上野風月堂ではなく神戸風月堂なのだ。その歴史をさかのぼって見ると、六代目の弟が分家し上野風月堂が誕生する三〇年以上も前の明治五年に、当時の番頭であった米津松造がのれん分けをされて「**米津《よねづ》風月堂**」が誕生。さらにその米津風月堂からのれん分けされた吉川市三《よしかわいちぞう》が明治三〇年一二月一二日に開業したのが「神戸風月堂」というわけである。これは上野風月堂の開業よりも少し早い。当時は総本家が存在していたために違和感がなかったけれど、総本家が廃業した今になってみると、本家筋の上野風月堂とそれよりも古い歴史を持つ神戸風月堂という、ちょっぴり変わった関係が生まれることとなってしまった。

　では、神戸風月堂よりも古い歴史を持つはずの「米津風月堂」はどうなったのか、といえば、経営難から昭和二一年に南鍋町本店が人手に渡ってしまっている。このとき誕生したのが現在の「**銀座風月堂**」。その後、自力で経営の拡充を図ったものの、積極策が祟り、昭和三九年に倒産してしまう。そこで食料品専門商社である高瀬物産の支援を受けて、昭和四〇年には「東京風月堂」が設立された。そして平成一二年、旧社である米津風月堂と新社である東京風月堂が合併し、現在の「東京風月堂」が誕

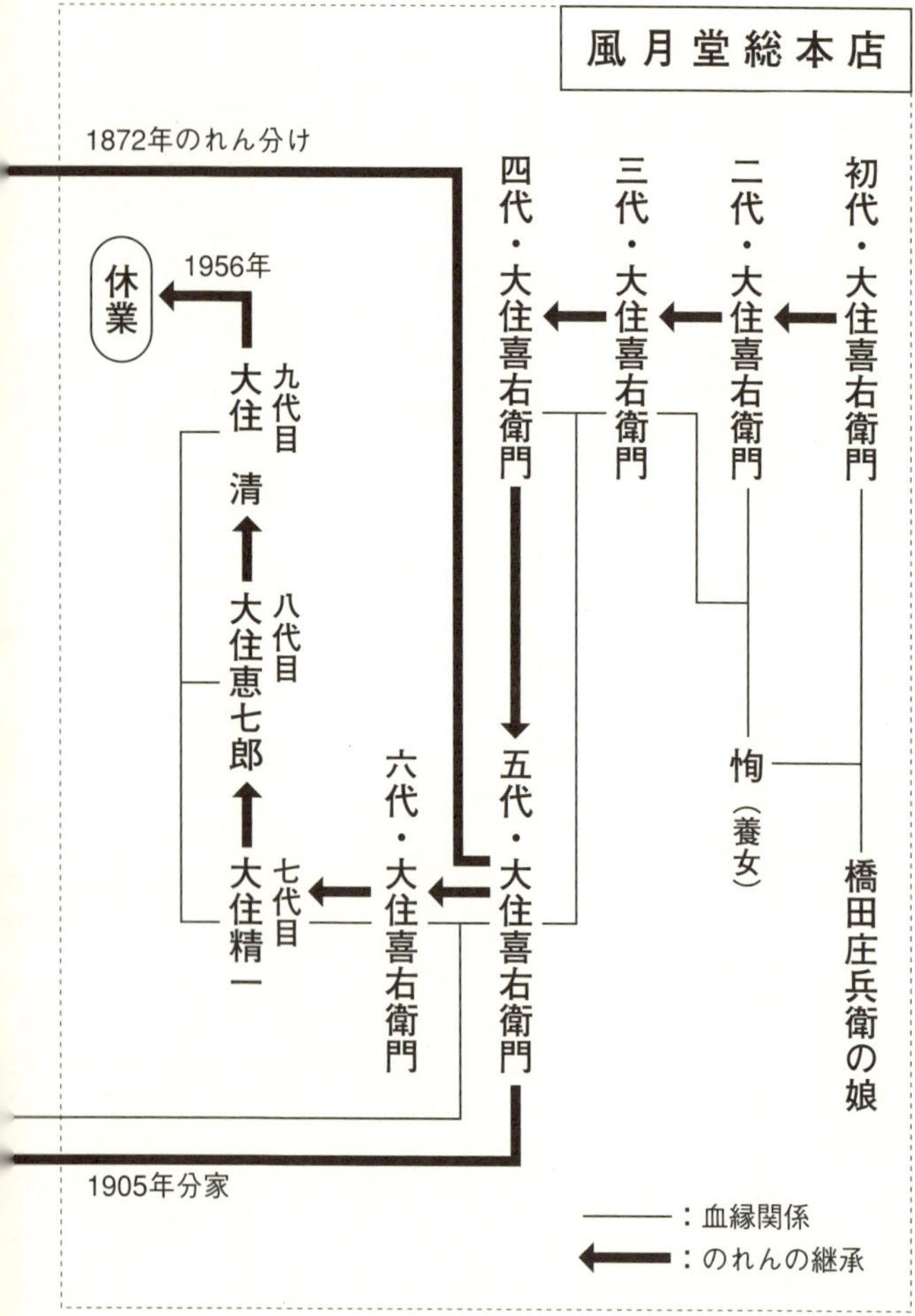
風月堂総本店
初代・大住喜右衛門
二代・大住喜右衛門
三代・大住喜右衛門
四代・大住喜右衛門
五代・大住喜右衛門
六代・大住喜右衛門
橋田庄兵衛の娘
恂（養女）
1872年のれん分け
1905年分家
七代目 大住精一
八代目 大住恵七郎
九代目 大住 清
1956年
休業
：血縁関係
：のれんの継承

図２：「風月堂」の「のれん」の継承

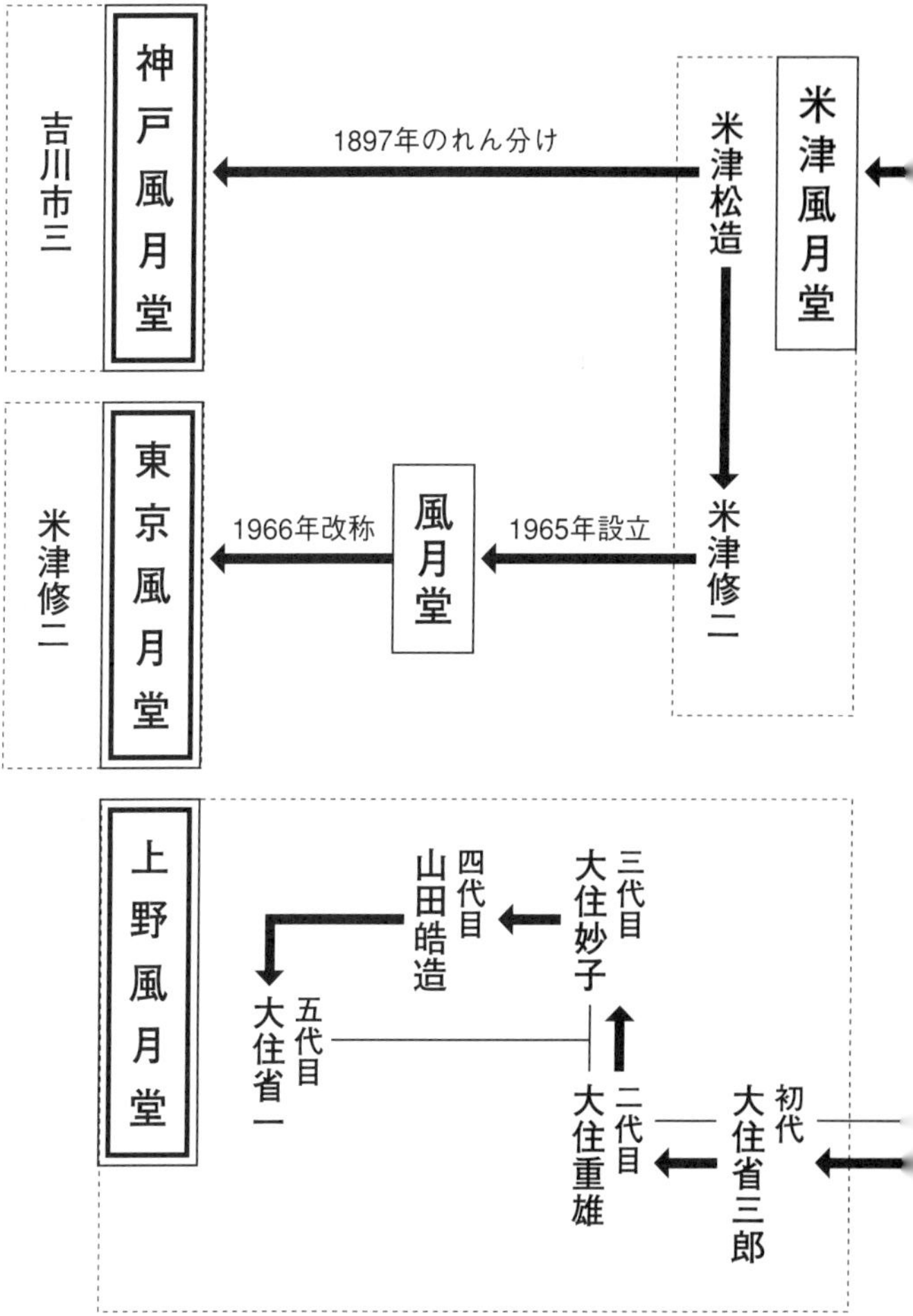

生したという流れがある。

こうしてみると、外から見る私たちは、つい老舗ならではの複雑に入り組んだ関係性というものを感じてしまいがちだが、風月堂同士ではさほど難しい関係と感じることはないようだ。直接話を聞いてみても、「われこそが本家の味を伝える！」「われこそが最古の風月堂！」といった争いとはほとんど無縁のようである。これは、現存する風月堂の多くが、総本家からののれん分けによって生まれた上野風月堂や米津風月堂からの派生であるため……なのかもしれない。

総本家が存在していた戦前は、新年にのれん分けの儀式が行なわれるなど上下関係は徹底していたようだし、戦後は音信不通になったり、株式会社制度ができたりしたことによって、それぞれの店舗が「独自の会社」という意識ができてきたことも理由のひとつとして挙げられるだろう。

現在では風月堂としてひとつのグループ会社のように考えられているが、そのほとんどは、上野風月堂、神戸風月堂、東京風月堂のいずれかの流れを汲むものである。

代表的なところでは、米津風月堂からのれん分けされた店舗として「自由が丘風月堂」「甲府風月堂」「長野風月堂」などがある。その一方で、総本店の許可を得ずに勝手に風月堂の名を名乗っている店舗もあるようだ。

なお、昭和二年に考案された風月堂の銘菓ゴーフルは、神戸風月堂の登録商標として製造されているが、東京風月堂は、その前身となる米津風月堂を元祖としている。さらに、現在のようなクリームを挟んだ形での商品化に成功したのは、今はもう存在しない「大阪北浜《きたはま》風月堂」であるという説があり、屋号の本家についての話よりもむしろ、代表的銘菓の本家に関する話のほうがよっぽど各店の注目を集めているというのもおもしろい。

「富士」と名がついても別会社

富士通、富士ゼロックス、富士銀行（現・みずほ銀行）などなど。社名に「富士」という名がつく企業は実に多い。もちろん「日本一高い富士山のように、わが社も日本一を目指す！」という願いを込めてつけたケースがほとんどだ。また「富士」は合計画数が一五画だが、姓名判断によると一五画は幸運かつ円満な数字であるというのも、「富士」を社名にする企業が多い理由のひとつなのだとか。

たとえば**富士写真フイルム**（現・**富士フイルムホールディングス**）の場合は、もともとは大日本セルロイドという会社名だったが、昭和九年に写真フィルム事業が分離独立で、新会社が設立されることになった。社名を決める際、初代社長が東海道に行くたびに車窓から富士山が見えていたことから「富士」を社名の中に取り込んだという。そして、平成一八年に持株会社に移行し、富士フイルムホールディングスの傘下に富士フイルムと富士ゼロックスを置く体制になった。

また**富士火災海上保険**も、富士山が社名の由来となっている。同社では社名に「富士」が入っているということもあり、富士山の世界遺産への登録を会社ぐるみで大々的に支援している。

自動車メーカーの**富士重工業**も、社名の由来は富士山からきているが、「スバル（SUBARU）」のブランド名のほうが有名になってきているため、「スバル株式会社」への社名変更も取り沙汰されているが、現在も社名は富士重工業のままである（販売会社は「**東京スバル**」など「スバル」の名を用いている）。これは、すでに国内に

「**株式会社スバル**」（名古屋の企画デザイン会社）、「**スバル株式会社**」（お茶パックなどを製造している愛媛の会社）など、すでに「スバル」という名の会社があるからだといわれている。

お菓子メーカーの老舗である**不二家**は、明治四三年に藤井林右衛門《りんえもん》が横浜の元町に洋菓子店を開いたのがきっかけだが、「不二家」の社名は彼の「藤井」という姓と、富士山をかけてつけたという。

また、テレビ局のフジテレビの「フジ」も、富士山にちなんでつけられたものだ。免許申請時は「**中央テレビジョン**」という社名だったが、創業者の鹿内信隆《しかないのぶたか》が「日本でポピュラーなものといえば桜と富士山だから」と、**富士テレビジョン**に名を改めた。こうして昭和三二年に設立したが、「富士」の「富」の字は画数が多く、子供にはわかりにくいおそれがあったので、翌年、社名をカタカナの「**フジテレビジョン**」に改め、現在に至っている。

昆布製品を手がける**フジッコ**も、社名の由来は富士山で、創業時の名称は「**富士昆布**」だった。初期のロゴマークには富士山を象《かたど》ったマークもある。昭和六〇年にヒット商品の「ふじっ子」にちなんで社名が「**フジッコ**」に改められた。

富士山の起源ではない「フジ」も

ちなみに「富士」がつく社名の中には、富士山を直接の起源としない企業もある。日本のコンピューターのトップメーカーである**富士通**が、それである。

富士通のルーツをたどると、明治二〇年までさかのぼる。当時、足尾銅山《あしおどうざん》などいくつもの大鉱山を有し、全国の銅の四〇パーセントを産出していた古河《ふるかわ》財閥の古河市兵衛《いちべえ》は、銅を原料にして電線を製造する「**古河電気工業**」を創業した。その後、古河電気工業は同じく銅製の電線製造・販売で躍進していたドイツの電気メーカー、**シーメンス社**の技術を導入し、大正一二年に「**富士電機製造**」（現・**富士電機ホールディングス**）が設立された。

この「富士電機製造」は、古河電気工業の「ふ」とシーメンスのドイツ語読み「ジーメンス」の「ジ」をドッキングさせたもので、ひらがなやカタカナでは締まりが悪いので、富士山の「富士」を当てたという。

そして昭和十年、富士電機製造は電話に関する業務を分離独立させ、富士通の前身となる「富士通信機製造」を設立した。昭和四二年、この頃には通信機製造だけでなくコンピューターや半導体の事業も拡大していたことから、社名を現在の富士通に改めている。

同じルーツをもつ二大商社——丸紅《まるべに》と伊藤忠《いとうちゅう》

丸紅と**伊藤忠**といえば、どちらも日本を代表する商社だが、実は創業主は両社ともに伊藤忠兵衛《ちゅうべえ》（初代）という人物だった。

伊藤家は「紅長《べんちょう》」の屋号で繊維品の小売をしており、初代伊藤忠兵衛は安政《あんせい》五（一八五八）年、兄の長兵衛《ちょうべえ》と近江麻布《おうみまふ》類の行商を始めた。**丸紅**と**伊藤忠**の創業年はこの年とされている。長兵衛は博多で「**伊藤長兵衛商店**」を開業し、忠兵衛は大阪で呉服や織物を扱う「**紅忠**《べんちゅう》」という店を開業させた。「紅」は家の屋号、そして「忠」は忠兵衛の名前から取ったもので、この頃から、その後の丸紅や伊藤忠の社名にも大きく関わっていくことになる。

このあと、紅忠は繊維商品の直貿易事業を始めたり、錦糸卸商の「**伊藤糸店**」を設立して綿糸の取り扱いも始める。こうして事業規模を着実に大きくしていった初代忠兵衛だったが、明治四〇年に死去。次男の精一が一七歳で相続し、二代目忠兵衛を襲名した。

そして大正三年、会社組織としての「**伊藤忠合弁会社**」が設立。さらに四年後、合弁会社の営業部門を「**伊藤忠商店**」（本店、京店が母体）と「**伊藤忠商事**」（糸店、神戸支店、海外店が母体）に分割し、忠兵衛は伊藤忠商事の社長に就任した。

だが第一次世界大戦が終わった頃、急激な不況が日本経済を直撃。伊藤忠商店と伊藤忠商事も例外ではなく、多大な被害を被った。そこで伊藤忠商事は神戸支店と海外店を分離独立させ、**大同貿易**という会社を設立する。不況の影響で、一時は倒産の危機も迎えたが、それを救ったのは忠兵衛のアイディアと覚悟だった。忠兵衛は一族の全財産を売り払って会社の借金を返し、さらに当時としては珍しい、大規模なリストラをすることでピンチを乗り越えた。昭和四年には**呉羽紡績**《くれはぼうせき》を設立し、忠兵衛が初代取締役会長に就任した。

一方の伊藤忠商店は、大正一〇年に忠兵衛の兄・長兵衛が設立した**伊藤長兵衛商店**と合併。「**丸紅商店**」が発足した。こうして、初代忠兵衛が設立した「紅忠」は二つの巨大商店としてその後二〇年ほどの間に、飛躍的な発展を遂げていった。

戦争の色が濃くなってくると、政府はさまざまな会社に合併を促していたが、丸紅・伊藤忠にもその波が押し寄せてきた。太平洋戦争が始まった昭和一六年、伊藤忠商事、丸紅、そして**岸本商店**の三社は再合併し、「**三興**《さんこう》」を設立した。分離してから二〇年以上が過ぎ、「三社で伊藤家の事業を再統一しよう」という声が高まっていたこともあり、合併はスムーズに行なわれたという。

さらに三年後の昭和一九年に今度は、三興、大同貿易、呉羽紡績が合併して「**大建**《だいけん》**産業**」を設立。忠兵衛は取締役社長に就任した。この大建産業には五千人を超える社員がいて、多くが戦争や海外での事業に携わっていた。

戦後の丸紅と伊藤忠

ところが翌年に敗戦を迎え、大建産業は海外資産をすべて失ってしまう。海外で働いていた社員は自動的に職を失うなど、創業以来最大のピンチを迎えたのだ。空襲で本社、船場支店、本町支店、紡績部などが焼けてしまい、再生は困難と思われた。忠兵衛は責任をとって社長の職を辞したものの、二年後の昭和二二年には、戦時中に戦争に協力的な事業を行なっていたことから、GHQによって公職追放の処分を受けてしまった。

丸紅・伊藤忠への災難はこれだけでは終わらず、昭和二四年、今度は大建産業が過度経済力集中排除法の適用を受け、伊藤忠商事、丸紅、呉羽紡績、**尼崎《あまがさき》製釘《せいてい》所**の四社に分割された。

この過度経済力集中排除法とは、財閥解体や巨大独占企業の分割を目的とした法律で、GHQのダグラス・マッカーサー司令官の指示で行なわれたものである。丸紅・伊藤忠以外にも**日本製鐵**（**八幡製鐵**、**富士製鐵**など四社に分割）、**三菱重工業**（**東日本重工業**、**中日本重工業**、**西日本重工業**の三社に分割）、**朝日麦酒**（現・**アサヒビール**）と**日本麦酒**（現・**サッポロビール**）に分割された**大日本麦酒**など、一一社が分割の対象となった。

分割された企業の中には**三菱重工業**（自動車部門は再分割される）や**三菱鉱業**（現・**三菱マテリアル**）のように、再統合するケースも少なくないが、丸紅と伊藤忠はこのとき以来、袂《たもと》を分かっている。だが平成一三年、両社の鉄鋼部門が分割統合されるという業界初の試みで、**伊藤忠丸紅鉄鋼**が設立された。これは商社の世界では画期的な出来事だったが、このような今までにない事業を起こせたのも、丸紅と伊藤忠が元は同じ会社だったからだろう。

ちなみに大建産業の社長の座を退いた忠兵衛は、その後、昭和二五年に公職追放が解除された。呉羽紡績社長、**東洋パルプ**会長などを務めたのち、昭和三五年、相談役として伊藤忠に戻り、会社の発展に貢献。昭和四八年、胃がんで八六歳の生涯を閉じた。

毎日新聞とは無関係な「信濃《しなの》毎日新聞」

「〇〇日日新聞」「〇〇毎日新聞」のように、「日日」「毎日」がつく新聞社は全国にあるが、これらが系列紙なのかというと、そういうわけでもない。

たとえば長野県に本拠を置く「**信濃毎日新聞**」は「毎日」と名乗ってはいるが、全国紙の**毎日新聞社**の子会社ではなく、出資関係もない。北海道十勝《とかち》地域をエリアとする「**十勝毎日新聞**」は、毎日新聞社と合同で世界ラリー選手権の「ラリージャパン」を主催したり、委託印刷を実施するなど、多少の結びつきはあるようだが、資本関係はない。もちろん信濃毎日新聞との資本関係もない。

一方で、「○○毎日新聞」の中でも、宮古島《みやこじま》をエリアとする「**宮古毎日新聞**」、八重《やえ》山《やま》諸島をエリアとする「**八重山毎日新聞**」は毎日新聞社と提携を結び、記事を流している。

そして「毎日」と名乗らない新聞社が、意外と関係が深いというケースもある。福島県をエリアとする「**福島民報**」は、毎日新聞社の持分法適用関連会社（議決権が二〇パーセント以上五〇パーセント未満の非連結子会社）になっている。

栃木県をエリアとする下野《しもつけ》新聞は、毎日新聞社の連結子会社だが、両社のつながりは六〇年以上にも及ぶ。明治一一年に創刊され、昭和一六年の経営難を打開するため、まだ「東京日日新聞」という名前だった毎日新聞社から支援を受けることになった。当時、新聞社は一県につき一紙とする動きが国策で進められていたので、県内のライバル紙を次々と吸収し、県域紙として絶対的な影響力を得るようになった。会社としての体力もついた下野新聞は、県域テレビ・ラジオ局の設立にも関与するなど、長い歴史を誇っている。

「毎日」以外にも、紛らわしいけれど関連性がない新聞社はいくつかある。滋賀県をエリアとする「**滋賀報知新聞**」、そしてアルゼンチン・ブエノスアイレスで日系人向けに発行されている「**らぷらた報知**」は、「スポーツ報知」を刊行している報知新聞社とは何の関わりもない。岡山県津山《つやま》市で発行している「**津山朝日新聞**」も、朝日新聞社とは別会社だ。

大阪日日新聞や山梨日日新聞など地方を中心に点在している「○○日日新聞」もまた、それぞれ資本関係が結ばれているというわけではない。

明治時代には別物の「毎日新聞」が存在した

このように、新聞社の名前は一見グループ会社に見えて、じつはそうでないケースがとても多い。しかし、毎日新聞社のように「日日」と「毎日」がリンクしているケースもある。明治五年、毎日新聞は「東京日日新聞」（東日）という名で創刊された。大阪には「大阪毎日新聞」という姉妹紙もあったが、昭和一八年、国の新聞統制により、題字が「毎日新聞」に統一された。

これにより七〇年以上親しまれてきた「東日」の名は姿を消したが、のちに、その名を残そうとする動きも見られた。東京日日新聞の名は、昭和二一年に毎日新聞の夕刊紙として、一時復活した（一〇年後に再び休刊）。また昭和二七年、新聞専業の印刷会社が設立された際、「東日印刷」と名づけられた。現在は「スポーツニッポン」「東京スポーツ」「東京新聞」など、一日に三五〇万部もの新聞が刷り出されている。

「日日」は「毎日」という意味であるから、どちらをつけようが、意味はそう違わない。ではなぜ、「日日」や「毎日」という言葉を入れているのか？　その起源は明治時代の初期にさかのぼる。当時の新聞は毎日刊行していなかったが、神奈川県令の井《い》関盛良《ぜきもりとめ》が日刊新聞の必要性を感じ、横浜の貿易商や翻訳官などの協力を得て、明治三年一二月八日、日本初の日本語の日刊新聞「横浜毎日新聞」を発行した。新聞の名前

図3：「毎日新聞」のつながり

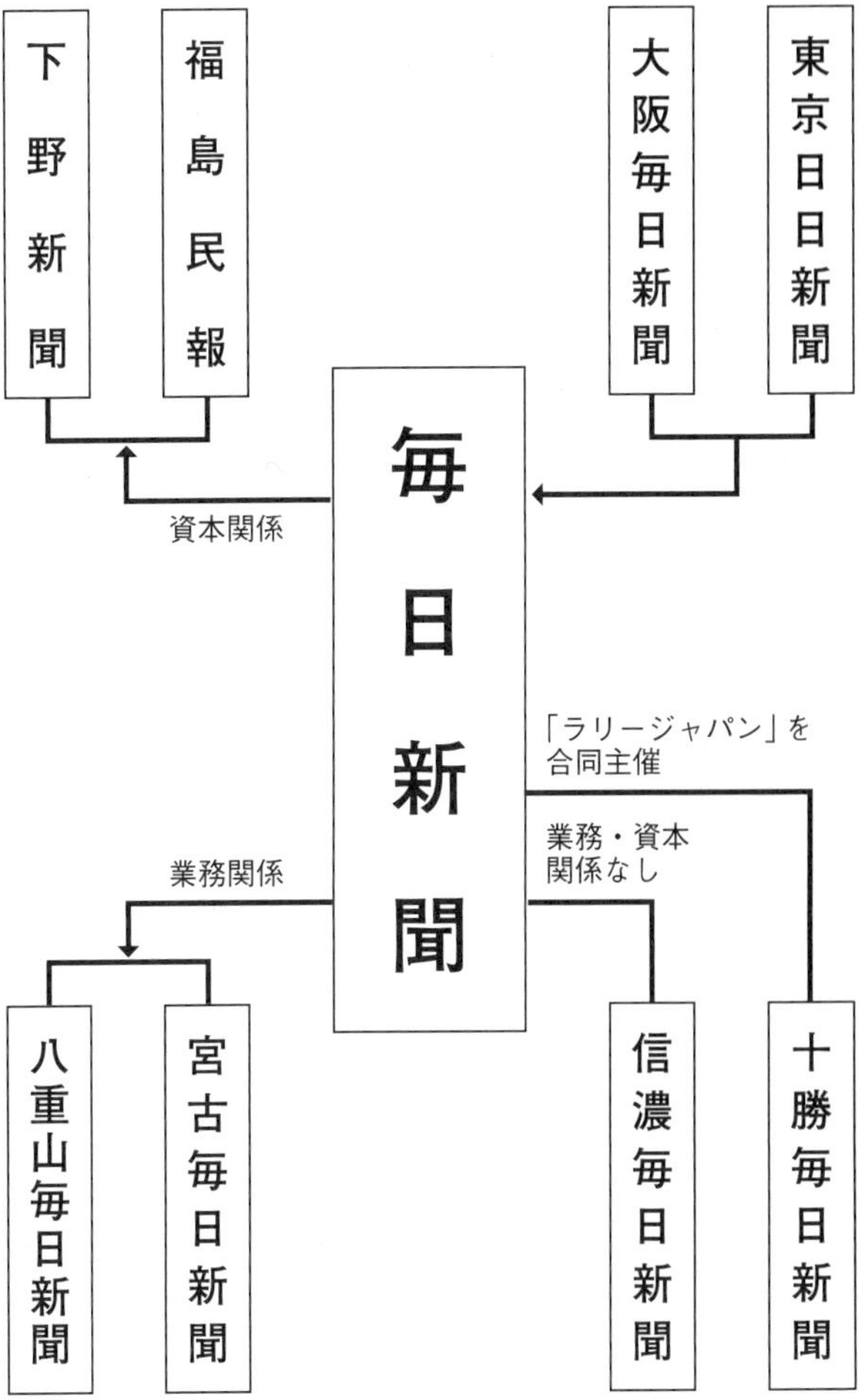

に「毎日」とつけたのは、「毎日出している新聞ですよ」とアピールするためだったという。この横浜毎日新聞はその後、一時期「毎日新聞」と名を改めたことがある。だが経営状況が悪くなり、「東京毎日新聞」と名を改めたあと、明治四二年、報知新聞社に身売りされたため、現在の毎日新聞とはまったく関連性がない。

ちなみに大阪毎日新聞が東京に進出しようと考えていた際、「東京毎日新聞」を買収しようとするも、買収するには多額の営業権が必要だったこと、また東京毎日新聞の経営状況が芳しくなかったことから、買収を諦めたそうだ。

日清食品と日清製粉も無関係

「**三菱鉛筆**」と三菱グループのように、同じグループのように見えて実はつながりがない会社はほかにもある。

カップヌードルやチキンラーメンの製造・販売を中心とした**日清食品**、小麦粉やベーカリーミックスなどの製造・販売を行なう**日清製粉グループ**、そして食用油で国内首位のシェアを誇る**日清オイリオグループ**の三社は、同じ食品関連企業であり、同じ

同じ「日清」でも……

「日清」を名乗っているが、まったく関係はない。過去も現在も資本・人材を含めて一切関係がないのだ。さらに、病院や福祉施設で食事サービスを行なう**日清医療食品**も、三社とは何の関係もない。

日清食品は昭和二三年、安藤百福《ももふく》により大阪で創業。「日清」という言葉には、「創業者の、日々、清らかに豊かな味をつくるという意味がこめられている」というのが、会社の発表する社名の由来。

日清製粉グループは明治三三年、群馬県で「**館林製粉**《たてばやし》」という名前で創業し、八年後に社名を「日清製粉」に変更。本社を東京に移し、現在に至っている。つまり、日清製粉は日清食品よりずっと古い命名ということになる。美智子皇后の実父が社長・名誉会長を務めたのはこの**日清製粉**である。

日清製粉は、繊維業の**日清紡績**とは業種が違うが、同じ根津財閥に属していることもあり、相互出資を行なっている。また日清オイリオグループは明治四〇年に創業し、一〇〇年以上の歴史を誇る。「日清」とは、当時の政情を反映して、日本の「日」と清国《しん》（中国）の「清」をとったものである。

ちなみに、プロスケート選手の荒川静香は、日清食品、日清オイリオグループの両者のCMに出演した数少ない有名人のひとりである。

全国に点在する「大丸」と「三洋」

名前が同じだけれど関連性がない会社としては、ほかに「**大丸**」が挙げられる。大丸といえば近畿を地盤とする老舗百貨店が有名で、社名の由来もマルに「大」の文字が入った商標に由来しており、マルは天下を表わし、「大」は「一」と「人」を組み合わせたもので、「天下一の商人を目指す」という、何とも関西人らしい意味が含まれている。だが全国には、この百貨店「大丸」とは無関係な会社や店舗が点在している。

京都市内にある「**藤井大丸**」は、大丸とは無関係だが「大丸京都店」とは四百メートルしか離れていないので、紛らわしい。そこで表記は「大丸（大丸京都店）」、「フジイダイマル（藤井大丸）」として区分けしている。

また宮崎県都城《みやこのじょう》市の百貨店「**都城大丸**」も関連性はないが、こちらも業態が同じ百貨店なので紛《まぎ》らわしい。小売業ではほかに大阪府摂津市の「**富士大丸**」、新潟市の老舗料亭「**大丸**」などがある。また異業種ではガス販売会社「**大丸エナウィン**」（大阪市）、「**大丸タクシー**」（大阪市）、文具卸売商社「**大丸藤井**」（札幌市）といったところも名前は「大丸」だが、百貨店の大丸とは無関係である。

大丸と並び、同じ名前の会社が多いのが「三洋」。一番有名なのは、先日パナソニック（松下電器）の子会社化が決まって話題になった**三洋電機**だろうか。パナソニックの創業者・松下幸之助の義弟で専務も務めた井植歳男《いうえとしお》が、GHQの公職追放で松下電器を退社し、昭和二二年、松下幸之助の協力を得て創業した**三洋電機製作所**がその前身である。三洋電機のルーツはパナソニックだということになる。今回の子会社化はいわば六〇年以上の時を経て、両社が再び統合したようなものである。ちなみに三洋電機の「三洋」は、三つの海（太平洋、大西洋、インド洋）のことで、世界を股にかけて活躍するという願いが込められていた。

同じ三洋を冠する会社には、**三洋ホールディングス**、**三洋物産**、**三洋化成工業**、**三洋信販**、**三洋証券**（解散）などがあるが、これらは一切関係がない。また、紛らわしいのが、同じ電気機器メーカーで、冷却ファンやサーボモーターなどを製造している「山洋《さんよう》電気」。日本ではまだ漢字が違うので、辛うじて区分けがつくが、海外になるとローマ字表記が同じ「ＳＡＮＹＯ」になるので、とにかく間違いやすい。間違いを避けるため、「やまよう」「やまでん」などと呼ばれている。ちなみに創業は山洋のほうが五年早いようだ。

会社の名前が似すぎてトラブルも勃発

同じような名前の企業があるゆえに思わぬ迷惑をこうむってしまうケースもある。

平成二〇年六月二七日付でレンズや電光看板などを販売していた「**アミックス**」という会社が事業を停止し、自己破産した。しかし困ったのが、建築事業とアパート・マンションの管理事業を中心に展開する同じ会社名の「アミックス」。ホームページで「破産した会社はウチではありません」という情報を流したが、名前が同じなので、勘違いしてしまった人もいたという。ちなみに「アミックス」はラテン語で「友人・仲間」を意味する言葉で、お客との心の交流を大切にする、という心がけも含まれているそうな。

話は変わって、遠くベトナムではハノイ市域に同じ名前の会社が七二二社もあることが判明した。ベトナムの規定ではひとつの市に同名企業が複数存在することは認められていない。そのため七二一の会社は社名を変更しなければならないが、各企業は変更に難色を示しており、問題解決には至っていない。

また明治二三年、**花王**が日本初の石鹸《けん》を開発したが、それに便乗しようとした輩が「香王石鹼」と名乗り、石鹼を販売して摘発されるという事件が起きた。人の尻馬に乗って、と考える輩は古今東西いるものである。

また**野村證券**では、「野村ファイナンス（株）」と称する偽の金融業者が野村證券の関連会社と偽り、融資の勧誘を迫る事件が起きた。これに似た詐欺事件はほかの大企業でも発生し、社会問題になっている。そういえば昔「豊田商事」なんて会社もあったっけ。

第2章

もう覚えられない！
銀行の名前は変わりすぎ

一五三行もあった「ナンバー銀行」

第四銀行《だいし》、**七十七銀行**《しちじゅうしち》、**百五銀行**《ひやくご》などなど、全国には数字がついた「ナンバー銀行」がある。現在は八行しか存在しないが、かつては一五三行ものナンバー銀行があった。

ナンバー銀行のルーツは、明治時代までさかのぼる。明治維新を迎え、銀行の設立が急務となったため、当時の大蔵少輔《おおくらしょうゆう》である伊藤博文が音頭をとり、アメリカのナショナルバンク制度にならい、明治五年に国立銀行条例が制定された。これにより翌年、元幕臣でのちに「日本資本主義の父」と呼ばれた渋沢栄一《しぶさわえいいち》が、日本で最初の国立銀行、**第一国立銀行**を東京に設立する。

その後、多くの国立銀行が全国各地で設置され、銀行名は開設順に第二、第三、第四……と名づけられた。明治一二年一二月に国立銀行設立免許が停止されたが、それまでにナンバー銀行は全部で一五三行も設置された。

各地の国立銀行では銀行紙幣を発行した。そのため過剰なインフレを招き、政府は新たな紙幣の統制に迫られた。そして明治一五年六月、日本銀行条例を公布し、一〇月に**日本銀行**を開業。その結果、**日本銀行**が唯一の発券銀行となり、今まで各地の国立銀行が出していた銀行紙幣は回収されることに。国立ナンバー銀行は民営化され、普通銀行となった。

それまでは国立銀行ということで、ある程度国に保護されていたが、民営化によって、各銀行はそれぞれ悲喜こもごもの道を歩んでいくことになる。

第一国立銀行の運命

日本初の商業銀行であり、日本初の持株会社でもある**第一国立銀行**。元は江戸時代から続く豪商の三井組と小野組が出資して設立された「**三井小野組銀行**」という銀行だった。三井は単独で銀行業に進出したかったようだが、政府の命で泣く泣く小野組と共同で設立するハメになったのだ。そして**第一国立銀行**と名が変わると、三井の手から経営権が離れてしまった。

しかし三井は、こんなことで長年の目標だった銀行事業への進出をあきらめることはなく、明治九年、日本初の民間銀行「**三井銀行**」を設立した。これが現在の**三井住**

友銀行のルーツである。こうして三井は第一国立銀行と袂《たもと》を分かったのだが、それから約七〇年のときを経て、両行は思わぬ形で合併をはたすことになる。

明治二九年、第一国立銀行は名を第一銀行に改め、二十銀行、東海銀行（ＵＦＪ銀行の前身である東海銀行とは無関係）、古河《ふるかわ》銀行などと合併し、その規模は大きくなっていった。そして昭和一八年、戦時の統合政策の波に乗り、ともに三井組を起源とする両行は合併。日本最大の都市銀行「帝国銀行」が誕生した。翌年には十五銀行も合併し、日本の銀行は帝国銀行を中心に回っていくように思われた。ところが、会社の合併も珍しいこの時代、両行の統合は何のプラスにもならなかった。むしろマイナスに作用したといってもいいだろう。

両行は事務作業の要領や行風などが、あまりにも違いすぎた。また財閥系の三井側が何かと優遇して扱われたのも、第一側の反発を招く要因となった。さらに戦争中ということもあり、合併の効果はさっぱり上がらなかった。こうして戦争が終わると旧三井・旧第一は二派に分かれて対立。業績は低下するばかりだった。

第一国立銀行（上）と第四《だいし》銀行（下）

分割、そして合併を繰り返す

昭和二三年、帝国銀行は事態を打開するべく、驚くべき戦術に打って出る。銀行を解散させ、新たに旧第一系の「第一銀行」と、旧三井・十五系の「帝国銀行」に分割したのである。大銀行の分離は、世界でも例を見ない出来事だった。

第一銀行は分離したものの、金融当局による出店規制に阻まれ、中位行の域を脱せなかった。そこで上位行の**三菱銀行**との合併を模索。双方の頭取の話し合いが行なわれ、昭和四四年の元旦、読売新聞の一面に両行の大型合併を報じるスクープ記事が流れた。ところが、この合併話は内外から強い反発を受け、二週間足らずで撤回されてしまう。旧財閥系でしかも上位行の**三菱**と合併すれば、再び**帝国銀行**時代の辛い時期に逆戻りするのでは、と第一側が強い警戒心を抱き、破談となったのだ。

この合併白紙の責任を取り、当時の頭取は辞任。とはいえ、このままでは中位行の域を脱することはできないため、次の頭取となった井上薫は、第一と規模が同じで、財閥系でない**日本勧業《かんぎよう》銀行**（勧銀）との対等合併にこぎつけた。こうして昭和四六年、預金量日本一、世界でも第七位の巨大バンク・**第一勧業銀行**（第一勧銀）が誕生した。文字どおり、第一は日本で〝一番〟の銀行になったのである。

しかし、合併後は旧第一・旧勧銀が交代で要職を務める「たすきがけ人事」や、人事部を旧第一・旧勧銀で分けて置いたため、再び出身者の対立を生んでしまい、全体的に動きが鈍るようになってしまった。平成一四年、**第一勧銀は富士銀行・日本興業銀行と合併してみずほ銀行**となり、現在に至っている。

ちなみに第一銀行と分かれた帝国銀行は昭和二九年、名前を**三井銀行**に戻し、いくつもの合併を経て、今の**三井住友銀行**へとつながっている。そして**第一銀行**との合併が破談になった**三菱銀行**は、今の**三菱東京ＵＦＪ銀行**の前身である。

現在、三大メガバンクと呼ばれる**みずほ銀行、三井住友銀行、三菱東京ＵＦＪ銀行**だが、じつは何らかの形で共存したり、離れたりしているのだ。

ナンバー銀行のたどった運命

第一銀行以外の国立銀行も、いくつもの統合・合併の波をくぐり抜けている。名称もしょっちゅう変わり紛らわしいことこの上ない。中には廃止された昔の銀行名を引っぱりだしてつけるようなケースもあって、わけがわからない。

第六国立銀行（第六銀行）は一時期「**肥後**《ひご》**銀行**」と名を変えているが、今の**肥後銀行**とは無関係だ。ちなみに現在ある**肥後銀行**のルーツは、**第百三十五銀行**だったりする。また山形県に設立された**第七十二国立銀行**は佐賀県に移転後、「**佐賀銀行**」と名乗っていたが、これも今の**佐賀銀行**とは無関係である。

そして、中には設置順の銀行名でないケースもある。**第十国立銀行**（現・**山梨中央銀行**）は、本当は九番目に設置されたので「**第九国立銀行**」になるはずだった。ところが迷信を気にする関係者が「〝九〟が〝苦〟に通じる」と忌《い》み嫌い、わざわざ「第十」にしてもらったと言われている。また同じ福井市内に誕生した**第九十一国立銀行**と**第九十二国立銀行**は、なぜか九十二のほうが、開業が五日早かったりする。

そして、銀行の合併が活発化したのが、太平洋戦争の時代。戦時の統合政策で、銀行は「一県一行」が原則とされた。都市銀行でも**第一銀行**と**三井銀行**が合併して**帝国銀行**になるなど再編の動きが活発化したが、それぞれの地方銀行も立て続けに統合されていく。

第十二国立銀行（十二銀行）は**第百二十三国立銀行**と合併後、昭和一八年に同じ富山県内にある**高岡銀行**、**中越《ちゅうえつ》銀行**、**富山銀行**（現在の**富山銀行**とは無関係）と合併し、**北陸銀行**と名を改めた。ちなみに**中越銀行**はその三年前に、**第五十七銀行**を買収している。

福岡を中心とする**第十七国立銀行**（十七銀行）は、昭和二〇年、**筑邦《ちくほう》銀行**（現在の**筑邦銀行**とは無関係）、**嘉穂《かほ》銀行**、**福岡貯蓄銀行**といった福岡県内の銀行と合併し「**福岡銀行**」を発足させている。

また滋賀県彦根市に設立された**第百三十三国立銀行**（百三十三銀行）は、昭和一七年に**二十一銀行**が起源の**湖北銀行**を買い取っている。

史上最悪の失言

ナンバー銀行の多くは吸収合併されても、その流れが脈々と受け継がれているのだが、破綻・解散してその歴史が途絶えてしまった銀行もある。中でも大臣の失言がきっかけで破綻してしまったのが、**第二十七国立銀行**（二十七銀行）こと**東京渡辺銀行**

である。
第一次世界大戦の好況で資本金をどんどん増資していった**東京渡辺銀行**は、好景気にあぐらをかいた放漫経営が続き、関東大震災後は極端に経営が悪化した。そして昭和二年三月一四日、当時の大蔵大臣だった片岡直温《なおはる》が帝国議会で「**東京渡辺銀行**がとうとう破綻しました」と、破綻していないにもかかわらず発してしまう。この発言がきっかけで金融不安が表面化し、取りつけ騒ぎが勃発した。そして、**東京渡辺銀行**は本当に破綻してしまった。

今も大臣の失言は数多けれど、銀行を潰《つぶ》してしまうほどの失言をしたのは、後にも先にも片岡大臣だけだろう。片岡大臣のクビが飛んだのはもちろん、時の首相・若槻《わかつき》礼次郎《れいじろう》も退陣を余儀なくされた。ちなみに片岡大臣のあとに大蔵大臣に就いた高橋是《これ》清《きよ》は、片面だけ印刷した裏が真っ白な二〇〇円札を発券し、片岡大臣の失言以来の取りつけ騒ぎを収めている。しかしそれでも**第九十一国立銀行**が**十二銀行**に吸収合併されたり、**京和貯蓄銀行**（**第九十二国立銀行**が起源）が消滅するなど、影響は広く及んだ。

ナンバー銀行の破綻、解散、買収

さて、函館に設立された**第百十三国立銀行**は、**北海道銀行**（現在の**北海道銀行**とは無関係）に合併され、その**北海道銀行**は**北海道拓殖《たくしょく》銀行**（拓銀）に合併されたが、**拓銀**は平成九年に破綻。都市銀行としては戦後初かつ唯一の破綻劇だった。そして滋賀県大津市に設立された**第六十四国立銀行**は、**大津銀行**と名を改めたあと、明治四一年に**近江銀行**に営業を譲渡し、解散している。

また破綻には至らずとも、分割して買収されたケースもある。**第四十三国立銀行**（四十三銀行）は昭和五年、**田辺銀行**、**紀伊《きい》貯蓄銀行**、**紀陽《きよう》銀行**、**大同銀行**、**三十四銀行**、**六十八銀行**の六行に分割買収された。**第百三十七国立銀行**も昭和一七年、**神戸銀行**（現・**三井住友銀行**）と**丹和《たんわ》銀行**（現・**京都銀行**）に分割買収されている。

このようにナンバー銀行は統合や解散など、数奇な運命を経ている。そもそも一五三もの国立銀行が誕生したのは、明治初期の「銀行設立ブーム」による影響が大きく、ブームが落ちついたあと、その数が淘汰《とうた》されたのは自然の流れというものだろう。

みずほ銀行の内訳

昭和四五年頃、日本には**第一・富士・日本勧業・三井・住友・神戸・太陽・三菱・三和・東海・東京・協和・大和・埼玉・北海道拓殖**という一五の都市銀行がひしめき合っていた。ところが現在、これらの都市銀行は、バブル期以降の大型再編により、破綻した**北海道拓殖銀行**を除けば、**みずほフィナンシャルグループ、三井住友フィナンシャルグループ、三菱UFJフィナンシャルグループ**の三大メガバンク、および**りそなホールディングス**に集約されている。しかし、これらの銀行の現在に至るまでの紆余曲折は、かなり複雑だ。

宝くじなども統括している**みずほ銀行**の誕生が最初に発表されたのは平成一一年。**第一勧業銀行、富士銀行、日本興業銀行**の三行が全面的統合をする形で産声を上げた。銀行名の「みずほ」は「みずみずしい稲の穂（瑞穂《みずほ》）」という意味で、「瑞穂国」は日本書紀にも出てきた日本の美称でもある。大型合併で日本を代表する銀行になろう、という意味もあり、この名がつけられた。

次に、**みずほ銀行**が誕生する前の三行について紹介するが、**第一勧業銀行**は前にふれたとおりである。**富士銀行**は安田財閥の創始者である安田善次郎が開業した安田商店（明治一三年、**安田銀行**創業）と、安田財閥も資本参加した**第三国立銀行**が起源となっている。ちなみにこの**第三国立銀行**は本来、明治六年に開業するはずだったが、内部の幹部同士の対立が生じ、開業が延びてしまったという逸話がある。

安田銀行は鉄道や築港など、大規模な公共事業に資本を提供し、政府や自治体からの信頼も厚かった。大正時代に入ると第一次世界大戦後の不況で社会情勢は不安定に陥り、中小銀行の経営は苦しくなった。そこで安田銀行は苦しい銀行を援助し、預金者の救済にあたる。この動きを通して親しくなった一一の銀行が結託し、大正一二年、新生・**安田銀行**として生まれ変わった。このとき**第三**、**二十二**、**百三十**といったナンバー銀行も**安田**に組み込まれている。この大合併で**安田銀行**は日本一の銀行に躍り出た。資本金、預金額、貸出金、店舗数、従業員数でトップに立ち、昭和四六年に**第一勧業銀行**が誕生するまで、半世紀近くにわたりその地位は揺るがなかった。

戦後、財閥解体のムーブメントが起きると、安田家と決別する意味もこめ、昭和二三年名称を**富士銀行**に改めた。新しい銀行名は「共立」「国民」「日本商業」「富士」

の四候補の中から行員が選ぶという形を取り、その結果「富士」に決まった。この「富士」が日本最高峰の富士山に由来するのは言うまでもない。以後、**みずほ銀行**に再編されるまで「**富士銀行**」として生きていくのだが、七〇年代以降はその地位が徐々に低下し、平成九年に親密な仲だった山一證券が自主廃業した際は、株価が大暴落。大リストラで破綻の危機を逃れるが、もはや一時しのぎにすぎなかった。**第一勧銀**、**日本興銀**と合併し、どうにかピンチを乗り切り、**みずほ銀行**へと命をつなげた。

日本興業銀行は明治三三年、日本国内の重工業の資金を調達するための特殊銀行として設立された。先日、泥酔疑惑による大臣辞職が話題となった中川昭一衆議院議員、楽天の三木谷浩史社長は**日本興銀**の出身者である。戦時中に軍需産業への融資を行なっていたことから、GHQに閉鎖されそうになったこともあり、戦後は**長期信用銀行**に転換して営業を続けた。企業向けの事業が大半だったので、一般にはあまりなじみのない銀行だった。現在、**日本興銀**の業務は事実上、**みずほフィナンシャルグループ**の一角である**みずほコーポレート銀行**が継承している。

三井財閥と住友財閥

次に**三井住友銀行**について紹介するが、その前に三井財閥と住友財閥の関係について簡単に触れておこう。

三井財閥は伊勢国松坂の商人・三井高利《たかとし》が創業した越後屋三井呉服店がルーツとなっており、その歴史は四百年以上にも及ぶ。明治時代に入ると三井物産や**三井銀行**などを創業するほか、機械・紡績業・鉱業などにも手を伸ばし、国内屈指の財閥にのし上がった。三菱財閥の岩崎家は同族の結託が強く「組織の三菱、独裁政治」と呼ばれていたが、三井は有能な人材を育て、輩出したことから「人の三井、番頭政治」と呼ばれていた。戦後の財閥解体で三井財閥は「三井グループ」となったが、**三井銀行**が**第一銀行**と分離して弱体化したことも影響し、戦前ほどの力はない。

ちなみに**三井銀行**はその後、平成二年に**太陽神戸銀行**と合併し、「**太陽神戸三井銀行**」と名を改めた。名前があまりに長いので、「太神《たいしん》三井」という略称もあったほど。しかしそのわずか二年後には「**さくら銀行**」と改称。もしかして、銀行名があまりに長いから変わったのでは、と思ったら「**さくら銀行**」は平成二年時にすでに商標登録を済ませており、「**太陽神戸三井**」は両行の合併ブランドが定着するまでの暫定的な名前だったのだ、ということが判明した。ちなみに**さくら銀行**の「さくら」は、**太陽神戸三井銀行**の行章でもある桜がモチーフになっているが、**三井銀行**が**帝国銀行**と名乗っていた頃の行章も桜だったので、そこからもきているらしい。

一方の住友財閥は安土桃山時代に活躍した住友政友《まさとも》を家祖とし、三井財閥よりも歴史が古い。「世界最古の財閥」ともいわれている。江戸時代は主に鉄工業に携わり、とくに伊予で開発された別子《べっし》銅山は住友財閥の財政を支え、躍進の原動力となった。明治期以降は重化学工業を中心に展開し、こちらは「結束の住友、法治主義」と称された。財閥解体後も各社の協力関係はほかの旧財閥に比べると強かった。この住友財閥の中核となったのが**住友銀行**だが、創業されたのは明治二八年で、国立銀行が起源とはなっていない。大正期に入り**第六十一銀行**を買収。戦後、財閥解体の影響で一時「**大阪銀行**」と名を改めたが、すぐ元に戻る。

住友銀行は堅実経営路線だったが、堅実すぎて「逃げの住銀《すみぎん》」「石橋を叩いてもわたらない」「住銀の歩いたあとにはぺんぺん草も生えない」と揶揄《やゆ》され、顧客からのイメージも芳しくなかった。

それを象徴するのが、**トヨタ自動車**とのエピソードである。まだトヨタが日本を代表する自動車メーカーになる前のこと。経営危機に陥っていたトヨタが助けを求めたものの、住銀は「機屋《はたや》に貸せても、鍛冶屋《かじや》には貸せない」と取引の打ち切りを表明。このときの交渉のストレスがたたり、トヨタ自動車の創業者・豊田喜一郎《とよだきいちろう》は亡くなったといわれている。結局、トヨタは帝国銀行（三井銀行）の支援を受け、朝鮮戦争による特需景気で息を吹き返しているが、このときの取引解消が原因でトヨタと住銀の関係は断絶状態となってしまった。また、トヨタが名古屋圏の会社に多大な影響を及ぼすようになると、東海経済界では「住銀は頼りにならない」と嫌悪されてしまう。ひとつの取引解消が後々まで大きな影響を及ぼした例である。

意外とつながりの深い三井と住友

平成一一年一〇月、**さくら銀行**と**住友銀行**の合併が発表された。**さくら**は多額の不良債権を抱え、さらに旧銀行出身者による対立での人事面の硬化もあり、経営危機に陥った。そこで旧三井側が、不良債権が少なく、経営基盤も安定している**住銀**との合併でピンチを乗り越えようとしたのである。**住銀**も今後の収益の大幅増を見込み、合併に応じた。

解体されたとはいえ、財閥の垣根を越えて合併するのはきわめて異例なことだったが、これは三井家と住友家が婚姻関係でつながっているのも関係している。

住友家一五代当主・友純《ともいと》の妻の妹が、三井十一家のひとつ「三井永坂町《ながさかちょう》家」の八代目当主・元三井物産社長三井高泰（守之助）に嫁《とつ》いでいる。嫁入りの際は、大阪から東京まで、七台の貨車を借り切って婚礼衣裳を盛大に送ったという。また友純の実兄・徳大寺実則の三女は「三井室町家」の三井高従に嫁いでおり、さらに実則の孫娘が、「三井新町家」の三井高直に嫁いでいる。このように住友・三井の両家は、何重もの閨閥《けいばつ》関係にあり、いわば親戚の間柄だったのである。親戚だから銀行を合併したというわけでもないだろうが、三井・住友の合併につながった遠因のひとつではあるだろう。

この銀行同士の合併がきっかけで、その後も三井・住友の会社の合併が相次いだ。

三井住友海上、**三井住友アセットマネジメント**、**三井住友建設**などがそれにあたるが、中には「住友三井」の文字を冠した会社名（**住友三井オートサービス**）や、「三井住友」「住友三井」のどちらでもない会社名（**三井住建道路**、**三井住商建材**）もある。また、旧**住友銀行**はトヨタとの取引が絶たれていたが、銀行の合併によりめでたく復活したそうだ。

だが中には**三井化学**と**住友化学工業**（現・**住友化学**）のように統合が白紙になったケースもある。また**住友信託銀行**は**三井住友フィナンシャルグループ**には属さず、独自路線で営業を続けている。**三井住友銀行**との人事交流もないという。

日本では「三菱東京」、海外では「東京三菱」

続いて紹介するのは、**三菱東京ＵＦＪ銀行**。平成一八年に**東京三菱銀行**と**ＵＦＪ銀行**が合併して誕生したメガバンクだ。**三井住友銀行**も**ＵＦＪ銀行**との合併に動いていたが、最終的には吸収される形で**東京三菱**との合併を選択している。

銀行名の順番は資本が多いほうが先に並ぶというのだが、海外に一歩出ると「**東京**

三菱ＵＦＪ銀行」になる、というのをご存知だろうか。その理由は至って現実的。海外ではずっと東京銀行をＢＯＴ（バンク・オブ・トーキョー）と呼んでいて、日本の銀行の中では抜群の知名度だった。それを残すためにも「東京」の名称を先に持ってきたのだそうだ。確かに、邦銀名は外国人にはきわめて発音しにくいため、たとえば旧第一勧業銀行はＤＫＢ、みずほ銀行はＭＦＧ（ミズホ・フィナンシャル・グループ）と、イニシャルで呼ばれるのが慣例になっている。

アリが象を呑みこんだ

そんな三菱東京ＵＦＪ銀行も、現在に至るまでに幾多の合併が繰り返されている。東京三菱銀行が誕生したのは平成八年。三菱銀行と外国為替専門銀行である東京銀行が合併して生まれた。

三菱銀行の前身となったナンバー銀行は第百十九国立銀行。明治一八年に第百四十九国立銀行を合併したあと、郵船汽船三菱会社に経営を継承し、大正八年、三菱銀行が誕生した。その後、いくつかの銀行を合併し、昭和一八年には川崎財閥の中核銀行だった**第百銀行**を吸収合併。この合併は**三菱**の店舗数が六六に対し、**第百**は倍近くの百十二もあったことから、「アリが象を呑みこんだ」といわれた。**三菱銀行**も財閥解体の影響で「三菱」の商号を使うことが禁じられ、一時「**千代田銀行**」と名を変えているが、のちに**三菱銀行**に戻している。「官僚主義的で機動力に欠ける」と評されていたが、バブル経済期はそんな鈍足な動きが幸いし、無理な融資合戦にはあまり参入せず、バブル崩壊後の不良債権は少なかったという。

一方、**東京銀行**は名前が「東京」だが、実質的な前身は「**横浜正金銀行**」である。**横浜正金銀行は**貿易金融・外国為替に特化した特殊銀行で、「正金」とは「現金」という意味である・堅実な現金金融をするべく設立されたのである。だが戦争期における日本の外貨収集の機関とみなされ、ＧＨＱの解体命令を受けた。その事業が新たに誕生した**東京銀行**に引き継がれたのだ。

合併後の主導権争い

一方の**ＵＦＪ銀行**は平成一四年、**三和銀行**と**東海銀行**が合併してできたメガバンクだが、その歴史は四年弱と短かった。ＵＦＪは「UNITED FINANCIAL OF JAPAN」（日本金融連合）の頭文字を取ってつけられたが、「英文法的に間違っている」という批判も受けた。これに対し、**ＵＦＪ銀行**側は「固有名詞ではこういう用法は珍しくない」と反論している。

当初、**あさひ銀行**（現・**りそな銀行**、**埼玉りそな銀行**）と**東海銀行**が統合の話を進めていた。ところが交渉は思うように進展せず、その間にも**みずほ銀行**や**三井住友銀行**など、巨大メガバンクが次々と誕生していった。当時、この都市銀行の大型再編の流れから取り残されていたのが、体育会系営業スタイルの伝統を持つ**三和銀行**だった。**三和**は「**東海・あさひ**」に接近し、三行による統合を目指したものの、経営の主導を**三和**に握られるのを嫌ったあさひが離脱し、三和と東海の合併で**ＵＦＪ銀行**が生まれた。

だが、この**ＵＦＪ銀行**も合併の影響で派閥抗争が起きる。**あさひ**が懸念していたとおり、旧**三和**が経営の主導権を握り、旧**東海**の行員は完全に冷や飯を食らう形になった。旧**東海**の行員は次々と放逐され、旧**東海**の店舗も三〇店近くが統廃合されてしまった。

「三和」は「三行が和する」という意味

ＵＦＪの前身となった**三和銀行**と**東海銀行**もまた、合併により生まれた銀行である。昭和八年、大阪に本店を置く**三十四銀行**、**山口銀行**（**第百四十八国立銀行**）、**鴻池《こうのいけ》銀行**（**第十三国立銀行**）が合併して生まれたのが「**三和銀行**」である。ちなみに三和はロゴの下に「since 1656」と書かれていたが、これは**鴻池銀行**の創業家である鴻池家が明暦二（一六五六）年に両替商を開店させた年である。

銀行名の選定にあたっては三光、三友、三山、三吉、三栄、三協、三衛といった候補案も出てきたが、当時の頭取が「三和の意は文字どおり三行が和することを意味する」として、「三和」とした。行内史『三和銀行の歴史』には、「三和の『三』は三十四の『三』、和の偏《へん》にあたる『禾《のぎ》』は鴻池新田の稲を意味し、旁《つくり》の『口』は山口からとった」とも記されている。また、合併に積極的だった当時の日銀総裁の意向という説もある。

また東海銀行は、昭和一六年にそれぞれ愛知県内に本店を置く愛知銀行（第十一国立銀行と第百三十四国立銀行が合併して誕生）・名古屋銀行・伊藤銀行が合併し、「東海地区随一の銀行」という意味も含め、「東海銀行」となった。中部圏では、唯一本店を置いた都市銀行であった。

「りそな銀行」に加わらなかった「埼玉りそな銀行」

ここまで三大メガバンクの再編について紹介してきたが、それに次ぐメガバンクがりそな銀行である。「りそな」とはラテン語で「RESONA（共鳴する、響きわたる）」という意味だ。「三和＋東海＋あさひ」の統合計画から離脱したあさひ銀行だったが、ほかの主だった都市銀行はすでにメガバンクに統合されてしまい、経営危機も叫ばれるようになった。そしてそのうち、都市銀行の中ではあさひと同じくメガバンク入りを逃した大和《だいわ》銀行との経営統合が噂され始めた。

昭和二三年、「大いなる和」という意味も込めて誕生した大和銀行だが、バブル後の経営悪化により、合併相手としてはもの足りなかった。だが、もはや一緒になる都市銀行もなくなってしまい、最終的に**あさひ銀行**と**大和銀行**は合併して「**りそな銀行**」になる道を選んだ。しかしこのとき、**あさひ**の埼玉県内の営業拠点は「**埼玉りそな銀行**」として分割された。これについては、**あさひ銀行**の合併誕生以降の問題が尾を引きずっていたのでは、と噂されている。

あさひ銀行は同じ関東圏内にエリアを持つ都市銀行の**協和銀行**と**埼玉銀行**が合併し、平成三年に誕生した銀行だ。合併当初は「**協和埼玉銀行**」という名で、翌年「**あさひ銀行**」に商号が変更された。この**あさひ銀行**でも旧銀行出身者同士の対立が起こり、また埼玉県の関係者が旧**埼玉銀行**のような地元に根ざした銀行の復活を熱望していたこともあり、埼玉だけ分離独立したのでは、という憶測が流れている。

あさひ銀行は埼玉県内で圧倒的な規模を誇っていただけに、この分割は**りそな銀行**の道すじに暗い影を落とした。平成一五年には事実上国有化されるなど、何かと苦労が絶えない様子だ。

その後も残ったナンバー銀行

ナンバー銀行の変遷について紹介してきたが、中にはその名をほとんど変えずに営業し続けている銀行もある。

現存する中で、もっとも古い歴史を誇っているのが新潟市に本店がある**第四**《だいし》**銀行**。明治六年、前身である**第四国立銀行**が誕生し、以来新潟に根ざした地域密着の経営を一貫して行なっている。一三〇年以上の歴史があるだけに、国立銀行の開業免状など昔の貴重な銀行の資料も数多く残っている。

岐阜市に本店を置く**十六銀行**は、単独で存続する銀行としては国内で二番目に古い。東海三県に本店を置く地方銀行の中では、最大の業容を誇っている。この**十六銀行**はほかのナンバー銀行とも関わりが深く、銀行開設時は**第一国立銀行**の指導を受けている。大正一〇年には不正融資事件が原因で経営危機に陥ったが、このときも**第一銀行**の支援を仰ぐことで破綻の危機を防いだ。また巨大メガバンクに対抗すべく、同じ東海地域を主要エリアとする**名古屋銀行・百五銀行**との業務提携を締結した。**百五銀行**は三重県津市に本店を置くナンバー銀行で、旧津藩の武士たちにより設立されている。

長崎県長崎市に本店がある**十八銀行**は、昭和二年に**長崎銀行**（現在の**長崎銀行**とは無関係）を合併したあと、**諫早**《いさはや》**銀行**、**長崎貯蓄銀行**など同じ長崎県内の銀行を次々と吸収。途中、原爆投下で多大な被害もこうむったが、激しい地方銀行の生き残り戦争を勝ち抜いている。

そして現存するナンバー銀行では**第四銀行**と並ぶ規模を誇り、東北最大の地方銀行でもある**七十七**《しちじゅうしち》**銀行**。経営スタイルは極めて堅実で、「石橋を叩いても渡らない」と評され、バブル経済期も健全経営を続けていた。香川県高松市に本店を置く香川県内最大の銀行・**百十四**《ひゃくじゅうし》**銀行**もまた、創業以来の伝統を守り続けている。

「十九」足す「六十三」で八十二銀行

ここまで紹介した六行は、いずれも国立銀行条例により設立した頃からの歴史を誇っているが、**第三銀行**（本店・三重県松阪市）と**八十二銀行**（本店・長野県長野市）はちょっと事情が違う。

第三銀行は「第三国立銀行」とはまったくの無関係で、大正元年、「熊野共融合資会社」として設立された。四年後、無尽《むじん》会社（もともとは相互扶助の制度である無尽から派生した。一定の口数と給付金額を定め、定期的に掛け金を払い込ませて、一口ごとに抽選、入札またはこれに準ずる方法で掛金者に金銭以外の財産を給付する会社）に転換し、昭和二年には商号を「三重無尽株式会社」に改める。昭和二六年、商号を第三相互銀行と変更し、今の第三銀行という名前になったのは平成元年のことである。第三の「三」は漢数字ではなく、三重県の「三」という意味である。つまり正確な意味でのナンバー銀行ではない。

八十二銀行の名前の由来は、とてもユニークだ。折からの昭和金融恐慌の影響で、政府は「一県一行政策」を推し進めたが、これを受け、長野県松代《まつしろ》市に本店があった六十三銀行と、同じ長野県は上田市を本拠とする第十九銀行が合併して新銀行「八十二銀行」を設立した。この「八十二」は「六十三」と「十九」を足した数で、「足し算銀行」とも呼ばれている。ちなみに国立銀行条例により設立された第八十二国立銀行は鳥取県に設立されたが、明治三〇年、第三銀行（現在の第三銀行とは無関係）に吸収合併された。銀行のルーツは違えども、「第三銀行」と「第八十二銀行」がかつて合併したことがあるというのは、何だか不思議な縁を感じる。

「足し算銀行」はほかにも四十銀行と四十一銀行が合併し、大正七年に八十一銀行が誕生した経緯がある（三年後、別の銀行に吸収合併される）。質屋の隠語である「一《いち》六《ろく》銀行」は、「質」と同音の「七」を一と六に分け、「銀行＝金を借りる」と洒落《しゃれ》た言葉である。もちろん、実際の銀行ではないので今ある十六銀行とは何ら関係性がないのは言うまでもない。

ちなみに第六十七国立銀行は、第百四十国立銀行と合併しているが「二百七銀行」とはなっていない（第六十七国立銀行のまま）。第三十七国立銀行も第百二十七国立銀行と合併しているが、「百六十四銀行」ではない（第三十七国立銀行のまま）。必ずしもナンバー銀行同士が合併すれば、足し算をするというルールはないので、あしからず。

トマト、しあわせ……日本の銀行が誇る面白ネーミング

このように日本の銀行の名前は、番号からスタートし、その後、再三の合併と改名を繰り返してきたわけだから、社名に対する執着心も少ないのだろう。そこには、長年変わらぬ重みのようなものはない。

近年、銀行の名前もバリエーションが豊かになっていて、ユニークなものも増えているが、その先駆け的な存在となったのが、岡山県倉敷市に本店を置く「**トマト銀行**」である。

以前は**山陽相互銀行**という名前だったが、平成元年、現在の名前になった。「トマト」の名前は「トマト」が世界中で食されていて庶民的で認知度が高いこと、みずみずしく新鮮で、明るく健康的なイメージが、名称変更後に目指す銀行の姿とピッタリ合うことから発案されたらしい。そして銀行のシンボルマークも、トマトに改められた。このあまりに斬新なネーミングは話題を集め、新聞や週刊誌でもさかんに取り上げられ、この年の流行語大賞（新語部門・銅賞）にも選ばれている。またトマト加工業では国内最大手の**カゴメ**が新規口座を開設するなど、名称変更による〝特典〟もあ

銀行の面白ネーミングはどうやって決まる？

ったようだ。

トマト銀行に続けと、山形では「**山形しあわせ銀行**」（**旧山形相互銀行**）が誕生する。名前は文字どおりハッピーなのだが、平成一七年、営業店で顧客預金の着服・流用事件が起きてしまう。一部報道では「しあわせ銀、顧客はふしあわせ」と揶揄《やゆ》されてしまった。現在は**殖産銀行**と合併し、「**きらやか銀行**」と名を改めている。いずれにせよ、面白ネーミングの伝統だけは維持されている。

大阪市には「**幸福《こうふく》銀行**」という、これもまた名前だけ見ると幸せそうな銀行があったが、平成一一年に経営破綻してしまう。さらに、一時は**幸福銀行**との合併計画もあった大阪の「**福徳銀行**」は、**なみはや銀行**と名を改めたあと、こちらも同じ年に経営破綻した。

ここまで挙げた例を見ると、銀行の面白ネーミングにはよくないイメージを抱きがちだが、中には（形式的ではあるが）大出世してしまった銀行もある。**さくら銀行**（現・**三井住友銀行**）の子会社として設立され、経営破綻した太平洋銀行の営業を引き継いだ「**わかしお銀行**」だ。

何度か存続の危機に立たされながらも、どうにか乗り越えていた程度の規模だったが、親会社の**三井住友銀行**が有価証券の下落による含み損約八千億円を抱えていたことが運命を変える。三井住友側は、子会社の**わかしお銀行**と合併することで、「**三井住友銀行**」を消滅させ、含み損を一掃しようという、なりふりかまわぬ手に打って出たのだ。これにより、銀行名こそ**三井住友銀行**のままだが、**わかしお銀行**が存続会社となった。つまり「**わかしお銀行**が**三井住友銀行**を吸収合併した」という形（逆さ合併）である。しかし、だからといって旧わかしおの人たちが旧三井住友の人たちの上に立つ、というわけではない。あくまで形式上での話なのだが、最近できたばかりのひらがな銀行が、ふたつの旧財閥の流れを汲む銀行の上に立つのは、何とも痛快な話である。

また、それぞれの地方の特色にちなんだ銀行名も増えている。かつての港町・神戸に本店を置くのが「**みなと銀行**」。前身の**阪神銀行**が**みどり銀行**を吸収合併させて平成一一年に発足した銀行だが、この「**みどり銀行**」も前身の**兵庫銀行**時代に経営破綻したという、いわくつきの銀行である。

そして広島といえば「もみじ饅頭《まんじゆう》」が有名だが、平成一三年、**広島総合銀行とせとうち銀行**が合併して「**もみじ銀行**」が誕生している。「もっとみじかに！　じもとの銀行、もみじです」が経営ビジョン。

「**熊本ファミリー銀行**」は、「**熊本銀行**」と「**肥後ファミリー銀行**」が合併して、平成四年に誕生した。よくも「ファミリー」のほうを残したものだと驚く。「熊本肥後銀行」もたしかにヘンではあるけれど。ちなみに、「**肥後ファミリー銀行**」も三年前にできたばかりだった。合併につぐ合併で、新銀行の名前を探すのも大変なのではないか。

ネット銀行の支店名はバラエティに富んでいる！

また、最近は「**関西アーバン銀行**」「**東京スター銀行**」などカタカナの銀行も増えているが、その中でも特殊なのが楽天の子会社で、ネット銀行の最大手「**イーバンク銀行**」である。「バンク」と「銀行」が重複し、読み方によっては「イー・銀行・銀行」にもなりかねないが……。じつは銀行法第六条で「銀行は、その商号中に〝銀行〟という文字を使用しなければならない」という規定があり、そのための措置だそうだ。ちなみに英語表記は「eBANK Corporation」である。

ネット銀行では、ほかに「**じぶん銀行**」という携帯電話からの利用を中心とした銀行もある。「自分の携帯が銀行になる」が、銀行名の由来になっているという。

また支店名でもユニークな名称があったりする。静岡県沼津市に本店を置く**スルガ銀行**には、かつて「ソフトバンク支店」（「ダイレクトバンク支店」に変更）というのがあった。一見すると「どこにあるの？」とツッコミも入れたくなるが、これはインターネットバンキングに力を入れている**スルガ銀行**のバーチャルなネット支店名で、ほかにも「ANA支店」「ネットバンク支店」「ゆうちょ専用支店」などがある。また**イーバンク銀行**は「ジャズ支店」「ロック支店」「サンバ支店」など、音楽にちなんだ支店名がある。**じぶん銀行**では「あか支店」「むらさき支店」など、色で支店名を区分けしている。

ここまで来ると、もう何でもありなのだ。

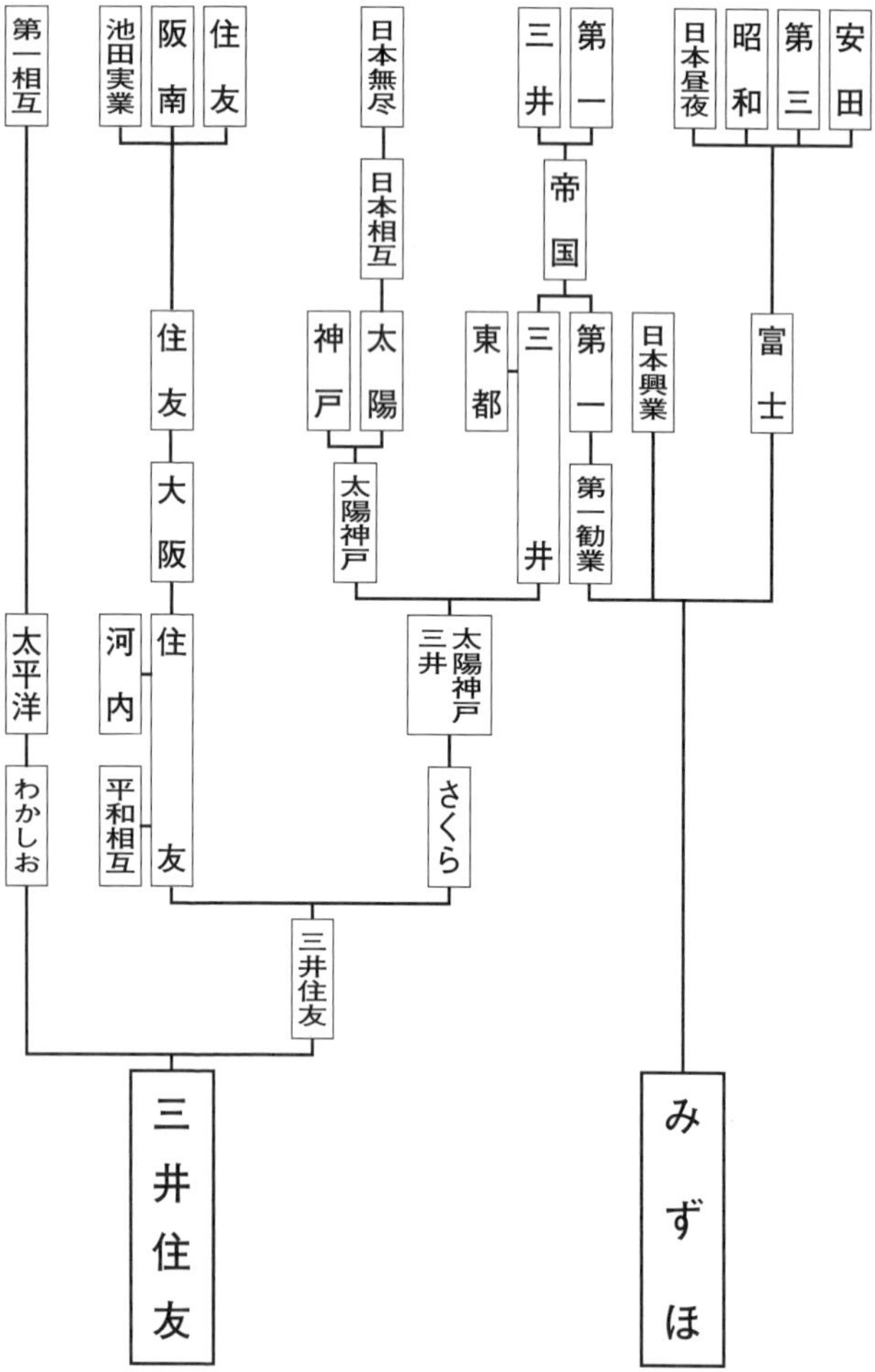
第一相互
池田実業
阪南
住友
日本無尽
三井
第一
日本昼夜
昭和
第三
安田
日本相互
帝国
住友
神戸
太陽
東都
三井
第一
日本興業
富士
大阪
太陽神戸
第一勧業
太平洋
河内
住友
太陽神戸三井
わかしお
平和相互
さくら
三井住友
三井住友
みずほ

図４：日本の銀行の合併（メガバンクができるまで）

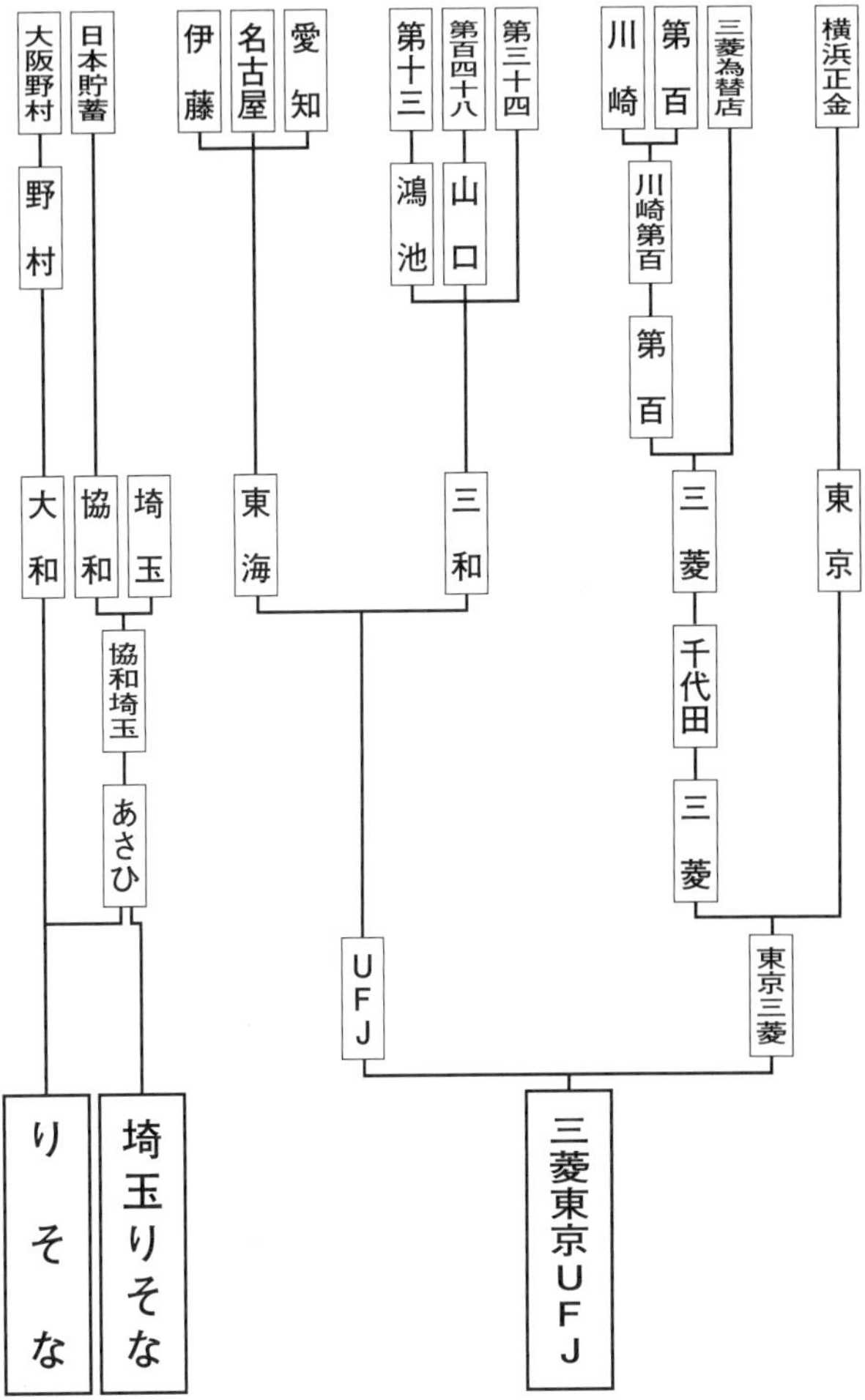

主なナンバー銀行の系譜

第二国立銀行　横浜で設立。昭和三年、横浜興信銀行（現・横浜銀行）に営業を譲渡し、その後解散

第五国立銀行　明治三一年、浪速《なにわ》銀行（第三十二国立銀行）に合併される。その後、十五銀行→帝国銀行→三井銀行→さくら銀行を経て、現在は三井住友銀行

第七国立銀行　明治三七年、任意解散

第九国立銀行　明治四〇年、肥後《ひご》銀行（旧第六銀行）に合併される

第十四国立銀行　大正七年に破産

第十五国立銀行　岩倉具視《いわくらともみ》（公家）、毛利元徳《もうりもとのり》（旧長州藩主）ら有力華族の出資で設立。昭和一九年、帝国銀行に合併される

第二十国立銀行　第一銀行に合併される

第二十一国立銀行　昭和四年、伊香《いか》銀行、江北《こうほく》銀行と合併して湖北銀行となり、のちに滋賀銀行に買収される

第二十三国立銀行　昭和二年、大分銀行と合併して大分合同銀行（現・大分銀行）となる

第二十九国立銀行　昭和九年、八幡浜《はちまんはま》商業銀行、大洲《おおず》銀行と合併し、豫州《よしゅう》銀行（現・伊予銀行）になる

第三十九国立銀行　昭和七年、上州《じょうしゅう》銀行とともに群馬大同銀行に吸収され、群馬銀行になる

第四十八国立銀行　昭和十六年、旧秋田銀行、湯沢《ゆざわ》銀行と合併して秋田銀行となる

第四十九国立銀行　明治四一年、京都商工銀行に買収される。その後、大正五年に第一銀行に吸収合併される

第五十国立銀行　昭和十年、常磐銀行と統合して常陽銀行になる

第五十二国立銀行　昭和一二年、仲田銀行と合併して松山五十二銀行（現・伊予銀行）になる

第五十九国立銀行　同銀行を含む青森県内の五行が合併し、昭和一八年に青森銀行が設立される。明治時代に建てられた本店本館（現・青森銀行記念館）は、現在国の重

要文化財に指定されている

第六十六国立銀行　大正九年、広島県内の六行と統合し、芸備《げいび》銀行（現・広島銀行）に

第六十八国立銀行　昭和九年、吉野・八木・御所《ごせ》の三行と合併し、南都《なんと》銀行となる

第六十九国立銀行　一一の銀行を吸収し、現在は北越《ほくえつ》銀行

第七十一国立銀行　村上銀行と改称後、昭和一三年、第四銀行に合併される

第七十六国立銀行　昭和三年、大垣《おおがき》共立銀行に合併される

第七十八国立銀行　八王子第七十八銀行と改称したあと、明治四二年に任意解散

第八十一国立銀行　昭和四〇年、山形銀行に改称

第八十六国立銀行　第一合同銀行と合併後、中国銀行に改称

第八十七国立銀行　明治三一年、百三十銀行と合併

第九十国立銀行　経営破綻後、岩手殖産《しょくさん》銀行（現・岩手銀行）が事業を受け継ぐ

第九十六国立銀行　福岡県南部の一八行が合併し、筑邦銀行（現・福岡銀行）となる

第百九国立銀行　昭和一六年、大分合同銀行（現・大分銀行）に買収される

第百十一国立銀行　第百五十三国立銀行と合併後、明治三一年に閉鎖

第百二十九国立銀行　大垣共立銀行が事業を継承している

第百三十三国立銀行　昭和八年、八幡銀行と統合し、滋賀銀行となる

第百五十二国立銀行　沖縄、鹿児島、東京、大阪と移転を繰り返し、明治三四年に解散

第3章　売れた商品名がそのまま社名に

大ヒット商品によって次々と社名変更

昭和四五年、ジェリー・ウォレスの軽快なヒットソング「ラヴァーズ・オブ・ザ・ワールド」（邦題・マンダム～男の世界）に乗せて、液状整髪料を中心とした男性化粧品シリーズをヒットさせたのは**丹頂**《たんちよう》という関西の会社だった。このTVCFは大《おお》林宣彦《ばやしのぶひこ》監督をディレクターとして起用、ハリウッドのドル箱・チャールズ・ブロンソンとキャラクター契約したという力の入ったものだった。

その新商品マンダムを顎《あご》になすりつけながら、だみ声で「う～ん、マンダム」とひと声発するブロンソンは男のナルシシズムを否《いや》が応《おう》でも煽《あお》った。一二〇万枚を売り上げたこのキャッチーなメロディとともにマンダムは大ヒット。そして一年あまり経って、この会社がヒット商品にあやかり「**マンダム**」という社名に変更した、というニュースが流れたのをご記憶の方も多いだろう。いくらヒットしたとはいえ、社名がそんなに簡単に変わっていいものか、その軽さが驚きだった。

だが、実はこの会社、ヒット商品にあやかって社名変更するのは初めてではなかったのである。設立は昭和二年、昔の名前は「**金鶴**《きんつる》**香水株式会社**」といった。香水を輸

大ヒットしたマンダムの唄

入して日本で販売する会社だった。六年後「丹頂チック」という髪に直接塗れる整髪料が大ヒット、市場の七割を占めるほどの売り上げを記録、金鶴香水の基礎を揺るぎないものにした。そして昭和三四年、社名を「丹頂」と変更した。このときは迷ったのか、変更までに二五年以上かかっている。そして一〇年あまりが経ち、マンダムが大ヒットした。

「マンダム」というのは「マン＝男」と「ドメイン＝domain＝領域」を組み合わせた造語だったそうだが、このヒットから一年という素早さで同社は「丹頂」を捨て「マンダム」に名称変更という早業《はやわざ》を見せた。社名となってからは「マン＝人間」「フリーダム＝自由」との組み合わせ、ということになって現在に至っている。

いち早く市場のトレンドをキャッチ、社名も着替えてしまう頭の柔らかさはむしろあっぱれといえる。とはいえ、その後の昭和五三年にさらなるヒット「ギャッツビー」が生まれた際には、さすがに「株式会社ギャッツビー」への改名はなかった。

「ブルボン」って何？——命名者死去で残る謎

ルマンド、ホワイトロリータなど、洋菓子スナックの第一人者といえば**ブルボン**。大正末期、柏崎《かしわざき》の菓子店「最上屋」の息子で、洋菓子作りを学んだ吉田吉造《きちぞう》が、新潟県・柏崎市に設立した北日本製菓商会が前身である。すぐに北日本製菓株式会社に改組《かいそ》、火災や水害などの障害に遭いつつも、戦前は朝鮮半島にまで販路を伸ばすなど業績を上げた。昭和二七年、北日本食品工業株式会社に商号を変更。昭和四〇年代「レーズンサンド」のヒットで全国的にその名を知られるようになった。

この会社、平成元年に社名を「**ブルボン**」に改め今日に至るが、ブルボン自体は、ずっと前から用いられていたブランド名である。さて、ブルボンの命名の由来であるが、「フランスのブルボン王朝からとった」とする説、または「コーヒーのブルボン種からのネーミング」とする説のふたつがある。同社によると残念ながら、命名した当時の吉田高章《たかあき》社長が故人であることから確かなことはわからないとする。

しかし、同社の商品ラインナップの「ルマンド」、「チョコリエール」、「ルーベラ」、「ホワイトロリータ」、「シルベーヌ」、「アルフォート」といったネーミングを見ると、初代吉田吉造社長から連綿と続く「西洋社会への憧れ（特にフランス）」といったものが強く感じられ、これはやはりマリー・アントワネットを輩出した絢爛《けんらん》たるブルボン王朝からのネーミング、と考えるのもあながち的外れではないだろう。

醍醐味《だいごみ》合資会社からスタート

カルピスも、なかなかのドラマを持つ会社だ。大正六年の創立時は「ラクトー株式会社」という名前だった。しかし大正八年の七夕に、主力商品カルピスが発売され、ヒットすると商品名を社名にした。

社名ともなったヒット商品「カルピス」の命名には、創業者三島海雲《みしまかいうん》の人生哲学が、色濃く関係している。カルピスの「カル」は牛乳に含まれるカルシウムからついたことは容易に想像がつく。下の「ピス」はサンスクリット語からとられているという。仏教では、乳・酪《らく》・生酥《しょうそ》・熟酥（サルピス）・醍醐（サルピルマンダ）を五味といい最高の食物とされる。醍醐が最高位なのだが「カルピル」というのはちょっと語呂が悪い。そのため、次位の熟酥「サルピス」から「ピス」を持ってきて「カルピス」と命名されたという。

創業者三島海雲は、明治一一年に大阪府箕面《みのお》市で僧侶の息子として誕生し、西本願《にしほんがん》寺《じ》文学寮で学んだのちに英語の教師となった。仏教大学に編入したものの、大学から中国大陸へ行くことを勧められ、それに従った。中国での教師生活を経て雑貨商の仕事に着手し、仕事で内モンゴルに出張に出かけた海雲は、その地に住む遊牧民族が日常的に飲んでいる酸っぱい乳、つまり乳酸と出会ったのである。慣れない食事と水で腸をやられていた海雲だったが、乳酸菌飲料のおかげで腹はすっきり、また疲れもとれて元気を回復した。その体験から祖国で乳酸菌の食品ビジネスを立ち上げるアイディアが生まれた。

大正四年に帰国した海雲は、内モンゴルで学んだ乳酸の研究をさらに重ね、翌年、乳酸菌で発酵させたクリームを商品化するために「醍醐味合資会社」を設立した。

また大正六年にはラクトー株式会社を設立、生きた乳酸菌入りキャラメル・ラクトーキャラメルを発売。しかし暑くなると商品がすぐに溶け出してしまったため、失敗に終わった。さまざまな試行錯誤を重ねながら、大正八年、とうとう「カルピス」の誕生となる。

音声学者や言語学者のアドバイスにも耳を傾けた上で、正式決定された商品名は「初恋の味カルピス」のキャッチとともに昭和の庶民にとってなくてはならないソフトドリンク、ひいてはお中元の定番商品になっていった。日本初の乳酸菌飲料「カルピス」、創設者海雲は、「カルピス」の本質は「おいしいこと」「滋養になること」「安心感があること」「経済的であること」の四つだとしている。ズバリ本質を突いているといえるだろう。

さて、ヒット商品となったカルピスは、テレビコマーシャルも盛んに作られていた。昭和四〇~五〇年代に、アメリカの兄弟コーラスグループ、オズモンド・ブラザーズやアイススケート・オリンピックメダリストのジャネット・リンがカルピスのCMに出演していたことがある。

彼らにCMの出演依頼を持っていったところ、原液を飲んで「こんなまずい飲み物のコマーシャルはできない」といったとか、「カルピス」が「cow piss」（牛のおしっこ）と聞こえるため、最初は吹き出したとか、さまざまな噂がささやかれていた。

第4章　社名はゲンをかつぐ

ラッキーセブンならぬラッキー17

「ライオン株式会社」はオフィシャルには株式会社になった大正七年を創立年としているが、明治二四年が会社の興りで、創業当時は創業者の名前そのままの小林富次郎《とみじろう》商店と名乗って、石鹼とマッチの原料の取次を生業としていた。

明治二九年には「獅子《しし》印ライオン歯磨」を新発売する。その当時、歯磨の商標は象、キリン、虎などの動物の名前が流行していた。社長と親交のあった北山牧師の「ライオンなら牙《きば》も丈夫だし歯磨の商標としてぴったりでは？」という意見を受けて、ライオンの商標登録をした、というのが表のエピソードだが、いくつか伝説があるので紹介しよう。

「獅子印ライオン歯磨」は同社の一七番目の商品だった。それまでヒットに恵まれなかったが、獅子印ライオン歯磨が発売されるや否や飛ぶように売れ、同社はたちまち急成長を遂げた。そのため、一七番目の商品ということで、NO17、ひっくり返してみるとなんと「LION」に見えるということから、ライオンを社名にしたというのだが、なんとなく出来過ぎの話に聞こえなくもない。ただ、同社がNO17を商標登録

「NO17」を反対から見た人が……

していることは事実だ。

マツタケって何の会社?

明治一〇年、京都の相撲興行師大谷栄吉宅に双子の男児が生まれた。長男は松次郎、次男は竹次郎と名づけられるも、松次郎は白井家に養子に出され、白井松次郎と改名される。

蛙《かえる》の子は蛙。家業でもあった劇場の水屋商売（売店）を引き継いだものの、それでは飽き足らず、明治二八年、大谷竹次郎は京都阪井座を買収し、興行主となった。さらに明治三五年、京都新京極《しんきょうごく》通に明治座を設立し、そのときに、大阪朝日新聞が掲載したこの兄弟の記事のタイトルが「マツタケの新年」だった。松次郎の「松」と竹次郎の「竹」をもじったものである。

同年、松次郎を社長に、**松竹合名会社**を創立したが、初期の社名は「マツタケ」と読まれたようだ。新聞記事が名づけ親、というのものんびりした時代ならではかもしれない。「松竹」と当てるか「松茸」と当てるか、いずれにしても縁起がいいためか、

松次郎と竹次郎の頭文字を合わせて……

会社は発展した。

関東に進出を果たした日本のワーナーブラザーズは、竹次郎が関東、松次郎が関西と手分けして担当。芝居興行がビジネスの中心だったが、時代の風をしっかりキャッチ、大正九年にヘンリー小谷《こたに》監督、中村鶴蔵《つるぞう》主演の『島の女』を松竹第一回作品として上映している。昭和六年に日本最初のトーキー映画『マダムと女房』、昭和二六年には日本最初のカラー映画『カルメン故郷に帰る』を配給するなど、**松竹**は常に時代の先端をいき、黄金期を築いていく。

いすゞの「ゞ」、ヱスビーの「ヱ」、ニッカウヰスキーの「ヰ」

ワープロ打ちで会社の名前を打つと「いすゞ」「ヱスビー」「ニッカウヰスキー」など、見たこともないような字が一発で出てくる場面に遭遇した人は少なくないはず。このように旧字を使っている会社には、当然のことながらそれぞれ理由がある。

現存する日本の自動車メーカーでもっとも古い歴史を持つ**いすゞ自動車**は、「いすず」ではなく「いすゞ」。**東京石川島造船所**《いしかわじま》の自動車部門が前身で、「**石川島自動車製**

造所」→**「自動車工業」**→**「東京自動車工業」**→**「ヂーゼル自動車工業」**と社名が変わっていった末、**いすゞ**になった。

「いすゞ」の名が最初に出てきたのは昭和八年のこと。最初は商品名で、商工省標準形式自動車として開発されたものに、「いすゞ」と名づけられた。この名前は伊勢神宮の境内を沿って流れる五《い》十《す》鈴《ず》川に由来している。ちなみに「ゞ」は「ゝ」とともに、ひらがなを二字重ねるときに使う「ひらがな繰返し記号」として用いられ、現在では福沢諭吉の著書『学問のすゝめ』などに残されている。

昭和二四年、商標と社名の統一をはかるため、社名が「**いすゞ自動車**」に改められた。なんだかひらがなの「す」が頭を掻《か》いているように見えなくもない、のどかな字面だ。ただし、ブランド名は世界戦略も視野に入れた「ＩＳＵＺＵ」が広く知られている。

瀬《せ》古《こ》利彦《としひこ》など、多くの一流ランナーを輩出した陸上部があることでも有名な「**エスビー食品**」。現在、対外的には「エスビー」と表記しているが、登記上の正しい名称は、昭和二四年に変更された「ヱスビー食品」（それまでは「**日《ひ》賀《が》志《し》屋**」）である。

昭和五年、瓶詰カレー粉の商標図案として考案されたのが「ヒドリ印」で、社業が〝日〟の出の勢いで発展するように、新商品が〝鳥〟が大空をかけ巡るようにヒットしてほしいという思いから、日（太陽）を背にし、翼を広げた鳥が飛んでくる「ヒドリ印」が生まれたのである。そして翌年、ヒドリ印に「太陽（SUN）」と「鳥（BIRD）」の頭文字をとり、「S&B」の新商標を考案した（のちに「スパイス（SPICE）&ハーブ（HERB）」の頭文字&尻文字の略であるともされた）。

ちなみに、なぜ「エ」ではなく「ヱ」という文字だったのかというと、商標の漢字表記が「恵寿美」で、「恵」は旧仮名で「ゑ（ヱ）」だったからである。

こうして「ヱスビー食品」は旧字体を残し続けた。「ヱ」と書かれていると、伝統や歴史を感じさせ、ひいては格式や老舗感も出し、「本格的な商品を作っている」というイメージも引き出すことができた。だが時代が経つにつれて旧字体を使う人が減っていき、「古くさい」「親しみにくい」という声も聞かれるようになった。そこで平成四年、登記上の商号はそのままに、読みやすさやスマートさ、時流への適合を考慮し、改めて「エスビー食品」に変更されている。

印象深かったヱスビーの〝ヱ〟

洋酒メーカーの雄「**ニッカウヰスキー**」も、昭和二七年に商号を変更して以来、社名の「ヰ」の字にこだわり続けている。

この「ヰ（ゐ）」はわ行の文字で、現在では「イ（い）」と書かれるが、ローマ字読みだと「i」と「wi」。ワープロの変換も「い」だけでなく「うぃ」でも出てくる。つまり「ヰ」は、より本場の「ウイスキー」の発音に近いのだろう。ある対談でニッカウヰスキーのマスターブレンダーである佐藤茂生《しげお》氏は、社名の「ウヰスキー」についてこう語っている。

「『ヰ』の文字は、竹鶴政孝《たけつるまさたか》（創設者）の酒造りに対する自信なんだと思います。『ほかのウイスキーとは違うのだ』という」

竹鶴政孝は、寿屋《ことぶき》（サントリー）でウイスキー製造に従事してきたが、「**大日本果汁**」という会社を興し独立。北海道の地で、「日果林檎《にっかりんご》ジュース」という商品名のリンゴジュースなどを作るかたわら、ウイスキー製造に励んだ。ちなみにこのリンゴジュースは、日本初の果汁一〇〇パーセントのリンゴジュースだといわれている。このときの商品名の一部「日果（にっか）」が、そのまま社名にも用いられたのである。

アヲハタは最初「アオハタ」だった

また、文字のバランスを考えて社名にこだわるというケースもある。缶詰やジャム類を製造する「**アヲハタ**」は、マヨネーズを製造する「**キユーピー**」と兄弟会社の仲で、母体は今の中島董商店にあたる。創立者の中島董一郎《なかしまとういちろう》はイギリスに滞在していた頃、ロンドンでケンブリッジ大学とオックスフォード大学のボートレースのフェアプレーと、両校の青い旗に強い印象を受けた。

そして大正七年、中島は帰国すると缶詰販売業の中島商店（昭和一一年、中島董商店に改称）を設立。その際、ロンドンで印象に残った「アオハタ」を商標登録した。また名前だけでなく、青、緑、赤、黄色のマークも登録している。中島の缶詰は「アオハタブランド」として販売されるようになった。青旗を缶詰のブランド名にしたのは、「缶詰は中身が見えないからこそ、製造するものは正直でなくてはいけない」という〝フェアプレーの精神〟を、缶詰の中に盛り込んだのである。こうして昭和七年、中島董商店の全額出資でアオハタブランドを取り扱う「**旗道園**《きどうえん》」が創業されたが、さかのぼること四年前、「オ」は頭が出ていてバランスが悪いということで、「アヲハタ」が商標登録された。

旗道園はオレンジママレードとみかんの缶詰で商売も軌道に乗っていたが、ほどなく太平洋戦争が開戦。国の企業整備法の施行で旗道園は解散になり、工場は「**広島県合同缶詰株式会社**」に整理統合された。

終戦後、合同缶詰は解散。旧旗道園は「**青旗缶詰**」を設立し、アヲハタブランドの発展に力を注いだ。昭和六三年、社名を「アヲハタ」に改名し、現在に至っている。

社名では文字のバランスも大切

一方、アヲハタの兄弟会社である「**キユーピー**」も、読みは「キューピー」なのに社名は「キユーピー」と、何だかワケありな会社名である。

アメリカで出会ったマヨネーズに感銘を受けた創業者の中島董一郎が、日本でマヨネーズを発売したのは大正一四年のこと。このとき中島の大学の先輩であり**東洋製罐**《せいかん》の創業者でもあった高崎達之助によって提案されたのが、日本で大ヒットしていたキユーピー人形をブランド名にしようというアイディアだった。キューピー人形とマヨネーズがともにアメリカ生まれで、イメージもぴったりだというのがその理由。

かくして、「キユーピーマヨネーズ」は国民の定番アイテムになった。昭和三二年、社名をキユーピーに改めたが、このときデザイン上の理由で、「ユ」を大文字にしたといわれている。ちなみに同社のマスコットキャラクターである「キューピーちゃん」は小文字である。

キユーピーのように、本来小文字で読まれる文字が大文字扱いされている会社は**キヤノン、シヤチハタ、オンキヨー、ジヤトコ、文化シヤッター**など意外と多い。

日本を代表する精密機器メーカー「**キヤノン**」の前身は「**精機光学研究所**」で、創立者の吉田五郎は、「観音菩薩」を熱心に信仰していた。昭和八年に発売された精密小型カメラは「KWANON」(観音)と命名されたほど。のちに世界で通用するカメラのブランド名を考える際、「KWANON」と発音が似ていて、「聖典」「規範」「標準」という意味を持つ「CANON」が採用された。日本語による正式な表記は「キヤノン」だが、これは「キャノン」にすると「ャ」の上に空白ができてしまい、ポッカリ穴が開いたように見えるので、それを避けるため大文字にしたという。

また文房具メーカーの「**シヤチハタ**」は、前身が**舟橋商会**という名前だったが、昭和一六年、会社名を**シヤチハタ工業**に改めている。由来となった「鯱旗《しゃちはた》印の萬年《まんねん》スタンプ台」のロゴを作る際、「ャ」ではバランスが悪いので「ヤ」にしたという。ちなみに「シヤチハタ」というブランド名は、創業者の舟橋高次の「名古屋のシンボルは金のしゃちほこだがね！　シヤチハタだ！」という言葉から生まれたという。

ほかの企業もそれぞれに理由があるのだが、正式名称が大文字という会社やブランド名の多くは、戦前に設立されている。戦前はカタカナの「ャ」など小さい表記は一般的ではなかったので、大文字になったと考えられる。

だが、中には**オンキヨー**（昭和四六年、**大阪電気音響社**から社名変更）や**ジヤトコ**（**日本自動変速機→ジヤトコ→ジヤトコ・トランステクノロジー**と経て、平成一四年に社名変更）のように、戦後になっても大文字が使われるケースもある。これは「**キヤノン**」のような文字配置のバランスを考えてのものだろう。

こういった昔の表記が原因で、社名に変化をもたらしている例はほかにもある。ジャムや缶詰などのオリジナル商品の製造・販売や、輸入食品や輸入酒類の販売を行なっている**明治屋ストア**は「ＭＥＩＤＩ」という表記になっている。本来なら「ＭＥＩＪＩ」が正しいのだが、**明治屋**が創業した明治一八年当時は「治」の音読みが「ち」または「ぢ」で、明治屋も「めいぢや」という表記だった。それゆえローマ字に変換する際、「ＭＥＩＤＩ」と表わされたのである。これと似た例として、後楽園球場（現・東京ドーム）建設・運営のために設立された「**株式会社後楽園スタヂアム**」（**現・株式会社東京ドーム**）があった。

中国の兵法書から命名

どうせ社名をつけるなら、みんなが知っていて記憶に残りやすいものがいい。さらにそれが社員の誇りや規範となってくれるのならばいうことなしだ。そんな創業者たちの願いを叶えてくれるのが、中国故事を引用して名づけられた社名のたぐいだ。**積水《せきすい》化学工業**、**大鵬《たいほう》薬品工業**、**資生堂**、**大成《たいせい》建設**などなど。教訓と示唆《しさ》に満ちた中国故事は勤勉な日本企業の社名にぴったりマッチするため、社名の由来になりやすいというのはわかる。だが、それぞれの言葉はどんな意味を持っているのだろうか。その語源について触れてみよう。

まずは日本初のセロテープを生んだメーカーで知られる**積水化学工業**。社名の「積水」は会社の母体となった**日本窒素《ちっそ》肥料**の社員親睦《しんぼく》会「積水会」から名づけられたものである。その語源は古代中国の兵法書『孫子』の「軍形篇・第四」にある「勝者の人を戦わしむるや、積水を千仭《せんじん》の谿《たに》に決するがごとき形なり」という故事の「積水」である。

積水とはダムのことで、この文は「戦巧者は、満々とたたえたダムの水を深い谷底に切って落とすように、蓄積された力を最大限に発揮する」という意味を持っている。「力を最大限に発揮する」とはなかなかに高い志だが、積水の名を採用したのはもっと簡単な理由がある。積水化学工業は第二次世界大戦前に朝鮮半島でダム（積水）を建設し、その水力発電のエネルギーで事業を拡大してきた。自社を大きく成長させた原動力、そしてシンボルが積水というわけだ。もちろん、かつての同社住宅事業部だった**積水ハウス**や現住宅部門の**セキスイハイム**なども、この積水グループ関連の会社として同じ由来を持っていることになっている。

まさに製薬業の社名にうってつけの中国故事

稀代の経営者といわれた大塚正士《まさひと》が創始した大塚グループの中でも、最高傑作と評価される**大鵬薬品工業**。この社名に使われている「鵬《ほう》」という字は、中国の古典、荘《そう》子《し》の『逍遥遊《しょうようゆう》』に登場する生物がその由来である。この書によれば、中国の北の海には何千里もあるという巨大な「鯤《こん》」とよばれる魚がいて、これが成長すると鵬という大きな鳥に変身すると書かれている。その鵬は胴体の大きさが数千里におよび、翼を広げる姿は空一面が黒雲におおわれたかのよう。やがて鵬は南を目指して、風に乗って九万里の上空を飛び続けるという伝説があるのだ。

全国の市場に影響力をもつ大塚グループの秘蔵っ子、大鵬薬品工業は、そんな鵬よりもさらに大きな翼をもって躍進するという願いを込め、大鵬と命名された。全国を翼下に収めるという意気込みも伝わってくる。そして現在「チオビタ」や「ソルマック」といった大衆薬品で広く一般の人々に認知され、抗ガン剤市場でもシェア二〇パーセントというトップ企業に成長した。

明治五年の銀座に、日本発の洋風調剤薬局として誕生した「**資生堂薬局**」。「東京・

銀座・資生堂」という有名なキャッチフレーズをご存じの方も多いだろう。そんな西洋風の薬局として開業した**資生堂**だが、その社名の由来は実に東洋的だ。創業者の福原有信《ありのぶ》は、維新後の日本という新しい時代と風土に、新しい医薬品をという考えから資生堂と名づけている。この社名の由来は中国の四書五経のひとつである『易経』に書かれた言葉「至哉坤元《いたれるかなこんげん》　万物資生《ばんぶつとりてしょうず》」からきている。その意味は「大地の徳というものはなんと素晴らしいものだろう。万物はすべて大地より生じている」というものので、陰陽思想を強く表わしたこの言葉に感銘をうけた福原は「資生」と名づけることで「万物が健やかに育つ土壌となる薬局にしたい」と考えた。その後、明治三〇年には化粧水の販売を始め、化粧品事業へと進出、大きな成功を収めた。

世界有数の目薬メーカー**参天《さんてん》製薬**も、社名は中国の故事からきている。こちらは儒教の経典四書『中庸《ちゅうよう》』が出典だ。明治二三年に創業者の田口謙吉《けんきち》が大阪北浜に開業した「**田口参天堂**」。ここに使われている参天という言葉は、「天地の化育を賛く可《べ》ければ、即《すなわ》ち以《もっ》て天地と参《さん》となる可し」が元となっている。これは「天地、つまり大自然には万物を生み出し育成するという偉大な働きがある。自然のそうした働きを助ける人間がいるとすれば、それは至誠《しせい》の徳を持つ聖人にほかならない。聖人とは学問を修得することによって達成しようとする理想的な人間像を意味し、そのような人物になるには、至誠の道を実践することによって大自然の万物造化《ぞうか》の助けとなる人間になることにほかならない」という意味だ。つまりこれは、自社の薬を使うことで自然治癒力をさらに高められるようにしたいという、田口の理念を体現した言葉であるといえるだろう。戦後から一貫して主に目薬を扱い続ける参天製薬は、現在ではその名のとおり日本の医療用目薬シェア一位、一般用目薬ではロート製薬に次いで二位というシェアで広く普及している。

創業者の戒名から社名

日本の大手ゼネコンで、鹿島・清水・竹中・大林とならぶスーパーゼネコン五社の一角を占める**大成建設**。

建設会社といえば、いまでこそ代名詞のように「○○建設」という名称がつくものが多いが、その起源は意外と新しく、実はこの大成建設が初めて用いたという。

もちろん、大成建設自体はもっと歴史のある会社で、創立は明治六年、後の大倉財閥を築き上げた大倉喜八郎《きはちろう》が作った「**大倉組商会**」が始まり。名前のとおり、建築業と商社の両方の業務を行なうような会社だった。かの鹿鳴館を受注し、建築したのだが、その際に建築業を分離させて別会社にした。世界大戦を経て、そのときの名称「**大倉土木**」は、財閥色が強くて風当たりがよくないと社名変更に踏み切ることになった。新名称を何にするかという話になったとき幹部の中から、昭和三年に九〇歳で没した「大倉喜八郎の戒名」からとってはどうか、という意見が上がった。

鉄砲商人から身を起こし、波乱万丈な生涯を送って銀行以外のありとあらゆる商売に手を広げ一代で財閥を築いた大倉喜八郎に対する世間の評価は両極端だ。作家の幸田露伴は「四千年の大樹のような人物」と評したが、詩人の高村光太郎は「グロテスクなナマズ」とこき下ろし、労働運動家たちからは「国家の犬で死の商人」と酷評された。そんな喜八郎に送られた戒名は「大成院殿礼本超邁鶴翁大居士」。とにかくスケールの大きかった故人らしい。

結局、そこから大成の二字をとって名称とした。下の二字は、英語のコンストラク

戒名を社名にしてみては？

ションの訳語である「建設」を日本で初めて社名に採用、昭和二一年一月一四日「**大成建設株式会社**」が誕生した。当時は建築会社といえば「○○組」が多かったので大変新しかった。また「建設」という名称が業界の民主化のイメージを持っていたため、たくさんの会社がこれに倣った。

「大成」という言葉にはさらに元ネタがあり、こちらは中国戦国時代の儒学者、孟子のまとめた『孟子万章下篇』にある「衆の長所を集めて一大長所をつくる」という一文からきているそうだ。この言葉は「集大成」という意味を持ち、完全に成し遂げることと、多くのものを集めて作り上げることを意味することから、建設業にふさわしい社名であるとして取り入れられたというわけだ。

「バンダイ」は、子供のバンザイマークから？

玩具メーカーの**バンダイ**。旧社名は「**萬代屋**」という名前で、これは中国の用兵書『六韜《りくとう》』に書かれた「萬代不易《ふえき》」という言葉からきている。その意味は「永遠にかわらないもの」というもので、創業者の山科直治が昭和二五年に同社を興したとき、

「いつの時代でも人の心を満たすオモチャを作り、やむことのない企業の発展を願う」という気持ちから命名したということだ。問屋からスタートした同社は二カ月後にはオモチャメーカーへと転身。その後、オモチャで遊ぶ子供たちにも読めるようにと、昭和三六年に現在のカタカナ表記に改称している。ところで**バンダイ**は、昭和三四年から昭和五八年までの二四年間、トレードマークとして「子供のバンザイマーク」を使用している。これは子供が遊ぶオモチャの安全性を証明するために用意されたマークで、正式名称はバンダイ・ベビーと呼ばれる。そのためか、舌足らずの子供が「バンザイ」というところを「**バンダイ**」と発音したことから社名を改めたという説があるが、こちらはどうやら誤った情報のようだ。

社名に「鉄」がつくと「金」を「失」う

一方、何気なく使っているが意外と不吉な文字とされているのが「鉄」。漢字の構成が「金を失う」で、いかにも営利団体にとって縁起が悪く、嫌われている。

ＪＲグループの正式名称は「○○旅客鉄道」となっているが、「鉄」の字が「金を失う」と読めることを嫌い、ＪＲ四国以外は社名ロゴの「鉄」という字の「失」が「矢」になっている。これはＪＲの前身だった**日本国有鉄道**（国鉄）が実質的に経営破綻となり、「国の金を失う」と揶揄されたのが由来である。

同じ理由で、**新日本製鐵**も略称は「新日鉄」だが、正式名称だと「鉄」の字を旧字の「鐵」としている。

サッカー界では、平成二〇年、Ｊ２リーグに所属するベガルタ仙台を運営する「**東北ハンドレッド**」が、社名をチーム名と同じ「**ベガルタ仙台**」に変更している。これは現場とフロントの一体感を増す、営業面の効率アップという目的もあるが、「サッカーチームの運営会社が、〝ハンド〟と〝レッド〟では縁起が悪いだろう」ということで社名変更になったという冗談も飛び交っているのだとか。

社名は、その会社の体を表わすもの。たしかに縁起のよしあしは大切な要素である。

しかし、世界最大級のミシンメーカーである「**蛇《じゃ》の目ミシン工業**」は、一見すると「蛇の目？」と思うかもしれないが、これにはきちんとした意味がある。昭和一〇年、当時社名は「帝国ミシン」という名前だったが、この年「蛇の目」を冠した「蛇の目ミシン」の製造・販売を始めた。ミシンのカマ部と呼ばれる部分におさめられたボビンの形が丸い形状で「蛇の目」に似ていたことから、そう名づけられた。だが、自社ブランドを「蛇の目」とする際には、主婦のイメージとあまりにもかけ離れてはいないかと、内外から非難を浴びた。それに対して、開発者たちは「国産品に外国名をつけてごまかす者も多かったが、これは正真正銘の国産ミシンだという誇りを持っている」と、あくまで「蛇の目」で通すことに決めた。この「蛇の目ミシン」はたちまち大ヒットし、昭和二四年にはブランド名をとって会社名を「蛇の目ミシン」とし、のち「蛇の目ミシン工業」に社名変更して、現在に至っている。

社名の基本は、縁起のよさそうな言葉を並べることでなく、結果としてどういった印象を与えるかである。必ずしも不吉そうな言葉や奇妙な言葉が、ゲンが悪いとは限らない。

コンビニ大手の「ミニストップ」は一見すると「会社の成長を止めてしまうようで、不吉だ」ととれなくもないが、これは街角にあり、ちょっと立ち寄ることを意味する英語「MINUTE STOP」が語源となっている。それを日本人が発音しやすいよう、「ミニストップ」と略したものである。

和菓子屋に多い「鶴屋」と「亀屋」

日本の古都・京都には、芸術品のような和菓子を販売している老舗和菓子屋がたくさん店を構えている。そんな和菓子屋の多くが、屋号に「鶴屋」や「亀屋」という名前を採用しているのだが、これにはどのようなわけがあるのだろうか。

ここには古都と呼ばれるだけの歴史を持つ京都ならではの理由がある。京都以外の都市で考えた場合、一般的にいう菓子屋というものは洋菓子屋と和菓子屋の分類をすれば十分事足りる。ところが京都の旧市街の中には、菓子を扱う店として「おまんや」と「もちや」というさらに細かな分類があるのだ。

この「おまんや」とは、桜餅やおはぎといった「おまんじゅう」を扱うおまんじゅう屋の親しみを込めた呼び方で、その日に作ったものをその日のうちに近所の人が買って食べるという営業形態を採っている店のことだ。ちなみに「もちや」は御餅や赤飯などの販売もする、文字どおり餅屋のことである。このように呼び名を使い分けているということはつまり、「おまんや」では餅や赤飯を扱っていないということでもある。それは「おまんや」が、茶道や朝廷の儀式に用いられた菓子を作ることを許された江戸時代の上菓子屋仲間に由来しているためだったりする。「おまんや」は、京都で和菓子専門店としての伝統を守っている店というわけだ。

そんな「おまんや」のベースとなった江戸時代以前の上菓子屋の中に、五亀二鶴と呼ばれる五軒の「亀屋」と二軒の「鶴屋」があった。この五亀二鶴のお店から暖簾分けされるか、何らかの関係があって広がった屋号が、現在の「亀屋○○」や「鶴屋××」という和菓子屋のほとんどなのだという。とはいえもちろん、すべての亀屋鶴屋がこの五亀二鶴と関係するというわけではなく、まったく別の理由から名付けられた場合もある。鶴や亀が縁起のよい動物だからという理由ももちろんだが、江戸時代にはすでに「亀屋」や「鶴屋」の名前は菓子屋の代名詞みたいになっていて、その名を名乗ることはすなわち、いいかげんな商品は作らない、満足させる技術があるのだというお客に対する宣言の意味合いもあったといわれている。そのため、腕に自信のある店はこぞって「亀屋」「鶴屋」を名乗ることになったのだという。

一七世紀にさかのぼる「鶴屋」

さらに歴史をたどってみると、「鶴屋」の祖は、残念ながら現在は廃業してしまっているが、永禄年間（一五五八〜七〇年）に創業した「**猿屋大和**」が屋号を改め、元禄六（一六九三）年に誕生した「**鶴屋長信**」ではないかといわれている。当時の当主が現在の東山《ひがしやま》三条にある日蓮本宗要法寺《ようほうじ》の門徒となり、寺の復興に力を尽くしたところ、寺から感謝の意をこめて「鶴屋」の名称を授かった。これに、同じく元禄のころに朝廷から大掾の位を受けたときに賜った「長信」という名をつけることで現在の屋号となったとされている。ちなみに、同店の代表銘菓は羽二重《はぶたえ》餅の淡白な味と大納言の甘さが調和した「利休《りきゅう》餅」だった。

また別の記録によれば、イエズス会の宣教師、フランソワ・ソリエが一六二七年に記した『日本教会史』の中に、「虎の家や亀の家、鶴の家がある」という京都の様子を宣教師が解説した一文があり、和菓子屋とは限らないものの、この当時すでに「亀

「虎の家や亀の家、鶴の家がある」

屋」や「鶴屋」の屋号は京都に存在していたのではないかと考えられているということだ。『日本教会史』の中にあった虎の家、おそらく現在の和菓子屋「とらや」は一五〇〇年代の前半には和菓子屋として商いをしていたことが同店の記録にも残されていることから、この記述にはそれなりの真実味があるように思えるというものだ。

このような歴史のもとに広まった京都の「亀屋」や「鶴屋」だが、もうひとつこれらの名前が広く普及した理由が考えられる。それは現代とは違って江戸時代当時にはまだ交通網が発達しておらず、町内を出たらもうそこは他所の土地という認識だったためだ。冷蔵技術も発達しておらず、作った菓子はその日のうちに食べきるというスタイルの「おまんや」は、それぞれの町にひとつずつ存在してもなんら不都合はなかったのである。そのため「亀屋」や「鶴屋」の名前は京都中に広まることとなったというわけだ。

「亀屋」「鶴屋」の実際の屋号（廃業店名も含む）は、次のようなものである。

「亀屋」――亀屋良長、亀屋良永、亀屋清永、亀屋芳邦、亀屋吉長、亀屋清水、亀屋

友永、亀屋陸奥、亀屋良珍、亀屋則克など。
「鶴屋」——鶴屋長信、鶴屋吉信、京都鶴屋 鶴壽庵、鶴屋寿、鶴屋光信、鶴屋八幡（大阪）、鶴屋益光（滋賀）、鶴屋徳満（奈良）など。

一店だけの伝統を守り続けた「虎屋」

逆に暖簾分けをすることなく、代々受け継ぐことで伝統を守ってきた動物の名を冠する和菓子屋が、天皇家にも菓子を納めている老舗中の老舗「**虎屋**（現在は**とらや**）」だ。「虎屋」が創業した正式な年号とその由来は同社の記録にも残っておらず不明だが、後陽成天皇の時代には朝廷に菓子を納めていたとの記録が残っている。この時代、まだ虎は日本にはいない動物で力強さや神秘性を持った霊獣として認知されていた。つまり、先の亀や鶴のように縁起のよい動物の仲間だったのである。

一説には、当時の店主が毘沙門天を信仰していたため由縁の深い「虎」の名を名づけたともいわれており、ハッキリとした証拠が残されているわけではないが、江戸時代の店主が毘沙門天に奉納していた古文書の中に、「虎屋は毘沙門様のご加護で朝廷に菓子をお納めさせていただいているため、お礼としてその名を名乗っている」との記述が残されていたという話が同店に伝えられているそうだ。

また、前述の「鶴屋長信」の前身となった「猿屋大和」のように「猿」の名を冠する店も存在していた。猿もまた日吉神社のご神像であることなどからわかるように、神の使いとされる動物の仲間であり、このように神性を持った動物の名を屋号に取り入れるブームが、和菓子屋にはあったのかもしれない。

身近な動物ではなく……

東洋の神話に登場する生き物が社名に使われる例もある。

有名なところでは**麒麟麦酒**《きりんビール》がそうだろう。このキリンはアフリカの草原にいる首の長い動物のことではない。古代中国の伝説に登場する、雄を「麒《き》」、雌を「麟《りん》」と呼ぶ聖獣で、身体は鹿、尾は牛、蹄《ひづめ》は馬という姿をした空想上の生き物だ。世に聖人が現れ正しい政治が行なわれるときに姿を見せるといわれており、孔子が生まれる直前に母親の夢にも現れたのだという。麒麟麦酒が生まれた昭和二一年はビールメーカーが乱立。孔雀、亀、狐などいろいろな動物がラベルを飾っていた。そのような中で、麒麟麦酒の大株主だった**三菱社**の荘田平五郎《しょうだへいごろう》が「西洋のビールには狼や猫などの身近な動物が描かれている。では我々は東洋の聖獣〝麒麟〟を商標にしよう」と述べたのが、麒麟麦酒誕生の瞬間だったといわれている。

また、麒麟にならぶ東洋の聖獣「龍」を名に冠する会社に**龍角散**がある。この名前は扱っている咳止め薬の名前が元となっており、江戸時代中期に誕生したこの薬は、当時龍の骨だと信じられていた「龍骨《りゅうこつ》」（化石動物の骨）と、龍脳と呼ばれる木のエキスを用いて作った薬だったためにそう命名されたのだという。ちなみに角の字は一緒に使われた「鹿角霜《かかくそう》」（鹿の角）のことを指し、散は粉薬を意味している。龍から生まれた薬とは、なんとも効果がありそうではないか。その後は咳止め薬を扱うメーカーの第一人者として広く知られるようになった。とはいえ、現在は残念ながら龍骨と鹿角霜は薬に使われていないそうである。

「マル」つき社名は縁起がいい？

社名にはよく「マル（丸）」という字が入った会社が多いのだが、それらの会社の社章というのは、やはり丸いのだろうか？

味噌業界では圧倒的なシェアを誇る「**マルコメ**」は、マルの中に「米」という漢字が入ったマーク。創業年は安政元《あんせい》（一八五四）年と、一五〇年にわたる歴史を誇っている。マークだけでなく、CMのキャラクターも坊主頭の男の子（マルコメ君、現在は一四代目）が出てくるなど、何かと「マル」とは縁が深いようだ。第1章で紹介した**丸紅**も、マークは「紅」の文字をマルで囲んだものだ。

また、かつて横浜ベイスターズの親会社だった水産加工食品メーカー「**マルハ**」の商標も、マル枠の中に「は」の字を入れたシンプルなもの。これは航海中に「荒波（は）を丸く収める」という意味も込められている。平成一九年、**ニチロ**との経営統合で「**マルハニチロホールディングス**」となり、業務の大部分は再編された「**マルハニチロ水産**」に受け継がれている。

マルがつく社名の中でも特に縁起がよさそうなのが、物流会社の「**丸八倉庫**」。マルに末広がりの「八」が組み合わさっている。ロゴも「八」の字をマルで囲んだ、シンプルだけど勢いのあるものである。

大手小売業の「**丸井**」の場合は、「OIOI」というロゴを使っているが、マルを基調としている。「丸井」という社名は、青井忠治《ちゅうじ》社長の「井」の字をとり、「丸」をつけ「丸井」とした。創業当時、丸に自分の名前を一文字つけると繁盛するというゲンかつぎがあり、青井社長もそれに乗っかったのである。最初はマルの中に「井」を書くロゴだったが、ビジュアル的なイメージを重視した現在のロゴに変更。さらにロゴだけでなく、電話番号も「０１０１」に統一してしまった。大々的なキャンペーンを行ない、丸井の名はさらに広まったという。

自分の名前の一文字とマルとを組み合わせるゲンかつぎは、ほかの小売業にも見られ、関東を中心に展開するスーパーマーケット「**マルエツ**」も、創業者の高橋悦造《えつぞう》が、自分の一文字「悦」とマルを組み合わせ、社名としている。長らくダイエーの傘下にあった影響もあり、シンボルマークはマルではないが、主要株主は丸紅である。

大分県で展開する小売店「**マルミヤストア**」も、創業者である宮野雅良《まさよし》の「宮」をマルで囲み、社名としている。

そして山梨県に本社がある洋品店「**マルフル**」では、「**フルヤ洋装店**」が移転新装オープンする際、地元市民に新しい店名を公募したところ、マルの中にフルヤの「古」が入ったものが選ばれ、「**マルフル洋品店**」（その後「マルフル」に改称）となった。一般市民からも文字をマルで囲んだ会社は、縁起がよさそうに見えるようだ。

第5章　創業時はまったく違う業務内容だった!

ゴム会社だったサンスター

創業時の商売が現在とはまったく違う、という会社もある。もともとの商売から発展していく例、例えば花札を作っていた**任天堂**がゲーム会社になる、といったケースはまだしも、本業とはまったく関係ない商売で大成する場合もあるのだ。例えばサンスター。創業は昭和七年。金田邦夫《かねだくにお》氏が兄弟で設立した「**金田兄弟商会**」が創業時の名前だった。九年後の昭和一六年に、**帝国合同ゴム工業**と社名を変更し、自転車や履物に使うゴムのりの製造販売を始めた。しかし時代は太平洋戦争へとひた走り、同社も工場のほとんどを空襲で焼失してしまった。焼け残った工場で、ゴムのりをチューブに入れる機械を使って金田氏が始めたのが、チューブ入り練り歯磨粉の製造販売。そのとき別会社金田金属産業を設立した。そしてその後昭和二五年に、子会社や提携会社と合併して**サンスター株式会社**となった。そのとき傘下に入った会社に**星光社**、という自転車メーカーがあったが、サンスターの名称は、もともとは同社が新型自転車につけようと考えていたものだったという。しかし、合併時に「星や太陽は、朝晩の歯磨きのイメージにぴったり」ということになって、新社名に使われたという。

その後同社は成長を続け、国際提携も盛んに行なうようになったため、本社をスイスに移転した。たくさんのグループ会社があり現在でも本業はグループ内の子会社で継続している。なお、**サンスター文具**とはまったく関係はない。

シャーペンを開発したシャープ

「目の付けどころがシャープでしょ」のコピーで知られる**シャープ**（ちなみにこのキャッチコピーは実は九〇年代のリバイバルなのだが、大変インパクトがあり、二〇〇二年に復活した）。

シャープの社名の由来は、同社が開発した「エバー・レディ・シャープペンシル」（常に尖った状態で使える鉛筆）から来ている。シャープペンシルが同社の最初のヒット商品だったからだ。

シャープを語るときに避けて通れないのが創業者・早川徳次のこと。明治二六年に日本橋で生まれるが、二歳のときに両親と死別。義母にひどくいじめられ、小学校二年生のとき本所に年季奉公に入った。作業は洋傘の付属品などを作る錺《かざり》職の丁稚奉公。そこで金属の特性や扱い方について学んだと言われる。一九歳で独立した同氏は、兄などと共同で金属加工業を興し、穴を使わずにベルトを締められるバックル「徳尾錠《とくびじょう》」を考案した。そして三年後、セルロイド製の「繰り出し鉛筆」という商品にヒントを得て早川式繰出鉛筆を発明。これが後にシャープペンシルとして世界中で大ヒットする。社名も早川兄弟商会金属文具製作所と改め、順風満帆《まんぱん》に会社は成長、のはずだったが、思いがけない落とし穴が待っていた。大正一二年九月一日の関東大震災で、早川氏は工場のみならず、自宅、そして妻とふたりの子どもすべてを失ってしまうのだ。

だがまさにピンチはチャンス、それが今日のシャープを築くことになるのだから運命はわからない。その年のうちに早川氏は大阪に拠点を移し、早川金属工業研究所を設立。大正一四年には国産第一号の鉱石ラジオを完成させ、NHKラジオ放送開始と同時に発売してのけた。それが今日のエレクトロニクスのシャープへの第一歩となった。またこの地が現在のシャープ本社がある場所である。同氏は国産初のテレビ、国産初の電子レンジなど「国産初」を連発。まさに「目の付けどころ」のコピーに恥じないアイディアマンだった。社名は昭和四五年にブランド名として受け継がれていた「シャープ」を正式に社名登録している。

シルク会社だったサンリオ

サンリオといえばキャラクターグッズの本家、というイメージがあるが、もともとは山梨県の特産物である絹製品の会社だった。昭和三五年に、山梨県の職員だった辻信太郎が退職して、県の外郭団体だった山梨シルクセンターを引き継ぎ株式会社化した。だがその本業は早々に失敗し、小物雑貨の販売に転じた。商品にきれいでかわいいイラストをつけたところ売れ行きが大きく伸びたため、辻氏はキャラクター商品の開発に乗り出した。水森亜土《みずもりあど》、やなせたかしなどから始まり、外部のイラストレーターや漫画家にデザインを依頼していたが、やがて自社でキャラクター開発を開始、昭和四九年にハローキティが誕生、大ヒットした。

ハローキティ発売の前年、社名をサンリオに変更しているが、社名の由来については諸説がある。まず、公式にはスペイン語で「聖なる河」を意味するSan Rioに由来するとしている。文明の発祥が大河のほとりにあったように、文化を興す河となることを願って命名した、と創業者が述べている。しかし、一説には辻氏が週刊誌の取材に答えたものとして、「山梨」の音読み「さんり」に語呂をよくするため、末尾に「お」をつけて「サンリオ」になったとする説がある。また、俗説ではあるが、辻氏が「山梨の王になる」という願いをこめた、「山梨王」が、「サン・リ・オウ」→「サンリオ」と変化したという伝説も根強い。真実は藪の中だが、得てして創業時の命名は、さまざまな思惑や願いがこめられているものかもしれない。

スチール会社だったユニマット

昭和三三年、鉄鋼材の輸出入会社「**ユナイテッドスティール**」が設立された。アメリカ軍から鉄くずを仕入れて加工する会社だったともいわれる。日系のシグ片山氏が社長をしていたが、昭和三八年ころにオフィス飲料のビジネスに進出。「ユナイテッドスティール」の頭のUNIと、自動販売機の「自動＝オートマティック」の

MAT（マット）を組み合わせて社名にした。会社はそれまで女の子はお茶汲《く》み、というオフィスの風潮を批判する「お茶汲みは女性差別」の時代の要請に乗って急成長した。レスリングなどに強い会社で、オリンピックなどにも選手を送り込んだ。そのため、**ユニマット**が鉄鋼材の会社だったと言う前身はほとんど忘れられてしまったかのようだ。

しかしその後、貸金業の会社の傘下に入り、さらには日本たばこ産業の資本が入るなどしたため、グループ企業にはオフィス飲料のみならず、貸金業、リゾート開発、不動産業、さらに渋谷の女性専用温泉施設「松濤《しょうとう》温泉シエスパ」（残念ながら事故で閉鎖になってしまったが）など、業種は多岐にわたっている。なお、現在ではオフィス飲料は「**ユニマットライフ**」という会社名で営業されている。

コラム　かつてあった「公社」の話

ひと昔前まで三公社五現業というものがあった。

公共企業体もしくは国が経営する会社のことだが、三公社を正しく記憶されている人はいるだろうか。実際に当時でも、「**日本電電公社**／現在のＮＴＴ」「**日本専売公社**／現在のＪＴ」そして「**日本交通公社**／現在のＪＴＢ」だと思っている人がかなり多かったらしい。最後のひとつはもちろん、ＪＴＢではなく「**日本国有鉄道**／現在のＪＲ」である。では、なぜ「日本交通公社」は、公社を名乗っているのか。勘違いの典型として、お笑いのネタになったこともある話だが、その位置づけはあながち遠くもない。

日本交通公社の「公社」は、民法法人時代に公的な位置づけにあったことの証である。大正元年、国策会社として、外国人観光客向けの旅行案内所であるジャパン・ツーリスト・ビューローが創設され、昭和二〇年に**財団法人日本交通公社**となった。その後、民営化にともなって昭和三七年に営利部門を（株）**日本交通公社**として分離させたが、（株）**日本交通公社**の株主は、**国鉄**と、（財）**日本交通公社**（まさに天下り役人のポストを得るための仕組みではあるが）。**国鉄**はいわゆる国営企業だったので、（株）**日本交通公社**は間接的ではあるが事実上の政府系企業だったことになる。その後、国鉄はＪＲとして民営化され、（株）**日本交通公社**は平成一三年に（株）**ジェーティービー**に改称。完全な民営会社となった。しかし今でも（財）**日本交通公社**は存続している。

第6章　社名は、社業を助ける？

チェーン居酒屋第一号は八坪の店

昭和四八年、札幌市西区琴似《ことに》で創業されたつぼ八。名物社長の石井誠二は、行商から身を起こした苦労人。三〇歳のときに食堂を開いて外食産業の面白さを知り、八坪の居酒屋を開業したことは有名な話だ。「八つぼ」をひっくり返して、店名にしたのである。

つぼ八では客の食べたいものを聞いて、それに合わせて材料を買い、料理にして出した。そこから「客のリクエストに応えてくれる店」という評判が広がる。結果として、「今日のものを明日売らない」主義を貫き、新鮮な食材を使うことにもなった。

第一次オイルショックが襲いかかったが、このことも幸いした。経費を思うぞんぶん使えなくなった社用族がつぼ八に流れ、売り上げが五倍以上になったという。そのため店の向かいに四〇坪の二号店を開き、続いて三号店も出店。どの店も繁盛し、創業から一年も経たないうちにクラウンの新車をキャッシュで買うことができ、一年半で一億円貯まったというからすごい。

その後、つぼ八はもとの部下だった渡邉《わたなべ》美樹《みき》率いるワタミに買収され、石井誠二自身は八百八町という別のフランチャイズに取り組んでいるようだ。石井にとってやはり「八」はラッキーナンバーなのだろうか。

野球大好きの社長が命名

クリナップといえば、今ではシステムキッチンなどハイテクな家庭用厨房設備の会社、というイメージがあるが、昭和二四年の創立時は、折りたたみの食卓などの製造販売を行なっていた。

創業者の井上登が五年後に設立した「井上食卓」が飛躍的に伸びたのは、昭和三五年に、ステンレス製の流し台を発売したことによる。当時流し台の材質はタイルか人工石だった。どちらも食器が滑ると壊れやすい。ステンレスはその点落としても食器が壊れにくく、しかもピカピカに磨きやすいという利点があった。

モダンな住宅にぴったりのモダンで清潔なキッチン、それを象徴するステンレスの流し台、ガス台、調理台の三点セット。商品のいいネーミングはないかと社員が考えていた矢先、社長の目にプロ野球が留まった。ランナーを一掃できる三、四、五番の三人の強打者を「クリーン・アップ・トリオ」というが、チャンスに強い三番打者長嶋の入団で、この言葉が広く一般に普及していた。同社の商品もトリオだったし、清潔でかっこいいイメージはクリーン・アップ、という言葉に合っているではないか。「クリーン・アップ・トリオ」という名前が有力候補にあげられ、語感のよさから「クリナップ」が登録商標として選ばれた（「トリオ」のほうは陽の目を見なかった）。

井上食卓は、大ヒットしたクリナップ流し台を発売した昭和三六年に井上工業と名称を変更し、最終的に昭和五八年に「クリナップ」を社名にしている。

オバQが好きだったから「タカQ」？

紳士服の専門店**タカキュー**は、公式には、創立者・高久《たかく》泰憲《やすのり》の名字を音読みにしてタカキューとしたと発表している。テレビなどでもそう発言されている。しかし、社長がマンガ「オバQ」のファンで、そこからtaka-Qの表記が生まれたという噂もある。本当だろうか。

同社は昭和二二年、新宿西口において紳士衣料の店舗を個人営業店として開設。大いに繁盛したので昭和二五年六月に株式会社高久を創立した。昭和四四年大井町店の出店を契機としてチェーン展開を開始、現在全国に二〇〇店舗を超える紳士服の専門店となった。社名の方は昭和五九年にタカキューに変更している。音は変わらず「タカキュー」だが、表記を変えている。

それでは「taka-Q」の表記は何かというと、これは「トレードマーク」と位置づけられ、昭和三九年五月から使用開始になったらしい。漫画のオバQがちょうど注目を集めだした頃である。「taka-Q」は、やはりユニークな表記という観点によるものだろうが、オバQの影響とする噂は根強い。

蒸気機関車の車輪配置から命名

コンピューターゲームソフト会社**ハドソン**は、昭和四八年、創業者工藤裕司《くどうゆうじ》が、子どものころからの大の鉄道マニアだったことによる。とりわけC六二形という蒸気機関車の前輪が二個、動輪が三個、後輪が二個という車輪配置「ハドソン形」がお気に入りだったため、それからとったものだという。

本人の誕生日が昭和二二年四月六日で、その数の並びに非常にこだわっていたともいわれ、小樽《おたる》・長万部《おしやまんべ》間を走っていたC六二―二号のナンバーが似ていたことからその蒸気機関車にことのほか惹かれた、とする説もある。誕生日の数字にこだわったという逸話は、ハドソン社の電話番号の下四桁が長い間「四六二二」になっていたことにも表われている。現在でもその番号を持つ支店があるという。

工藤裕司は大学在学中から仲間と写真家集団「グループ・ハドソン・プロダクション」を作って、自ら撮影した蒸気機関車の写真を販売していたそうだ。当時からビジネスへの意欲も強かったらしい。漫画家のアシスタント、イラストレーター、テレビや映画の雑用係のような仕事をしていた時期もあったと記録される。ちなみに、黎明期のコンピューターゲームビジネスにおいて成功したビジネスマンの多くが「マンガを描いていた」ことは特記してもいいだろう。ハドソンからソフトが出ている「桃太郎電鉄」のさくまあきら、大ヒット作「ドラゴンクエスト」の堀井雄二などは、大学でもマンガ研究会に所属していた。

同社のトレードマークはハチ。名前はハチスケといい、工藤裕司が漫画家のアシスタントをしていた頃に「でしゃばりハチスケ」というキャラクターを作ったのが始まりらしい。また、高校時代に始めたアマチュア無線の北海道エリア番号が「八」であるため、同音である「ハチ」を採用したという説もある。

ハドソンは現在はコナミの傘下に入っている。

妻のために作ったハンドクリーム

ある日、自分の妻の荒れた手のために自らハンドクリームを作った。その出来がすばらしかったため、地元の静岡市で、住まいと店と工場を兼ねた家に看板を掲げて売り出すことにした。社名は「南光《なんこう》化学研究所」だが、商標が問題だった。訪問販売を考えていたので「〇〇化粧品からまいりました」と口に出してみたとき響きのよい言葉を探した。

これが、化粧品メーカー、**ポーラ**の始まりである。昭和四年の創業から今年でちょうど八〇年になる。

なぜ、ポーラという名が浮かんだのだろうか。質問を受けた創業者の鈴木忍は「美の女神だ」と笑っているだけだったという。実は創業当時、フランス映画『巴里《パリ》の屋根の下』がヒットしていた。ヒロインのポーランド娘の名前がポーラなら、演じる女優も、名前はポーラ・イルリーだった。これが社名の由来ではないかといわれている。一説には英語で「極み」を意味するポールの形容詞形 polar の音に文字を当てたものという説もある。

昭和六年に「ポーラ」をブランド名とした化粧品の訪問販売を開始し、昭和一六年に社名を現在のポーラ化粧品本舗とする。その時代が長かったが、平成一九年に社名を「ポーラ」に改称、今に至っている。

初代社長は開発した化粧品をトランクに詰め、自転車に乗せて自ら販売して回ったというが、今では、ポーラレディーと呼ばれる販売員が全国に約一〇万人いるそうだ。

ユニークな社名が功を奏した？

香川県にある**ニューレオマワールド**は遊園地と動物園、そしてホテルが融合したテーマパークである。香川県の観光の一翼の担い手として、大きく事業を展開している。もともとニューレオマワールドは、バブル景気によるテーマパークブーム時、平成三年の四月にレオマワールドとして開園したのが始まりだ。ゴルフ場経営の**日本ゴルフ振興株式会社**が子会社**レオマ**を設立し、この事業に取り組んだのだった。

「森と湖のあるアミューズメント&リゾート」をコンセプトに、敷地面積六九万平方メートルという規模で作られたこのテーマパークは、その投資額七五〇億円と言われ、開園当時話題を呼んだ。中でも人々の間で騒がれたのはレオマという名前の由来だった。この社名の語源は、実は明らかではない。

　諸説が噂されているが、何といっても一番有名なのは、大西社長が、

「レジャーは、オレに、まかせろ！　でレ・オ・マはどうだ」

と言ったという説。あるいは担当職員が、

「レジャーは、オオニシに、まかせろ！　で、レ・オ・マはどうでしょう？」

と提案したという説もある。どちらも真相は定かでない。

ピーク時の入場客が二九〇万人を越えたレオマワールド。しかし、バブル崩壊とと

もに来場者数が減少、平成一二年九月には閉鎖に追い込まれる。地元の人々の願いが叶って、再びオープンしたのは平成一六年のこと。**加ト吉《かときち》**、**マルナカ**、**おもちゃ王国**、**アエルコーポレーション**の四社連合がレオマを買い取ってリニューアルオープンしたのだ。このとき経営体制を一新したため、その流れで名称変更の案も出た。しかし、思いのほかレオマワールドの認知度が高かったので、そのまま継承することになり、「ニュー」をつけて、ニューレオマワールドとなった。その名前の由来が話題となり、認知度があったおかげで再開が可能となったのかもしれない。

ピヤ〜ッと走るからPIAA《ピア》

自動車部品メーカーで、おもにランプ類やメンテナンス部品、ドレスアップ部品の製造販売を行なっている「**PIAA**」をご存じだろうか。あか抜けた社名だが、れっきとした国産企業である。最初は同じ自動車部品メーカーの**市光工業**の一般補修部品販売部門だったが、昭和三八年に「**エバ・エース**」として分離独立した。

それから約二〇年後、新しい会社名を考えることになったが、誰もこれといった社名を考え出せず、時間ばかりがいたずらに過ぎていった。そこで誰かが「ランプを扱っているんだから、何か『ピャー！』って感じでできないかなぁ〜」と言ったところ、「それだ！」という話になり、そのまま「ＰＩＡＡ」という会社名になってしまったそうだ。

ＢＩＧではなく、なぜＢＩＣカメラ？

東京・池袋を中心に全国展開をしている家電量販店「**ビックカメラ**」。昭和五三年に創業したが、当初はその名のとおりカメラ専門の量販安売店だった。ちなみにビックカメラのライバルである「**ヨドバシカメラ**」も、昭和三五年に創業した当初はカメラや写真用品が主力商品だった。現在は、カメラはもちろん家電・パソコンの電化製品、酒類・ゴルフクラブ・寝具・高級ブランド品・自転車・玩具など、幅広い商品を取り扱っている。

ビックカメラは英語のスペルでは「Bic Camera」と表記し、「ビッグ（Big）」とは違う。会社の公式見解は「ビック（Bic）は英語の方言で『（外見だけでなく中身も）

大きい』という意味だそう。創業者がバリ島を訪れた際、現地の子供たちが「ビック、ビック」と使っているのを見て、その後「偉大な」という意味もあることを知り、社名に採用したというのだが……。

ただし、中には「創業者がビッグのことをビックと誤って発音していたのが、そのままビックカメラになった」という噂もあるが、真実のほどは定かではない。

工藤淳がひっくり返って、ジュンク堂

神戸や大阪、東京など大都市を中心に展開している大型書店「**ジュンク堂書店**」。充実した品揃えが魅力で、大型書店の基準とされる五〇〇坪をはるかに超える売場面積の店が多い（池袋本店が二〇〇〇坪、札幌店が一八〇〇坪、三宮店が一四〇〇坪）。これだけ大規模な店舗が営業できるのは、ターミナル駅からやや離れた場所に立地しているからである。また、書店内にはオープンカフェがあったり、読書用のイスや机が配置されているなど、今までの書店の常識をくつがえすやり方で全国展開してきた。

そんなジュンク堂書店の社名の由来は、創業者・工藤恭孝《くどうやすたか》の父にあたる淳《じゅん》氏に由来している。工藤は父が経営していた**キクヤ図書販売**に入社し、書店部門を任されていたが、独立することになった。このとき新たな店名をつけることになり、創業メンバー七人から四〇〇もの案が出たが、「三宮ブックス」「神戸ブックスセンター」「サンブックセンター」など平凡なものばかり。父の工藤淳から「どれもダメ」と言われてしまう。そこで半ばヤケクソで父の名前をひっくり返しただけの「淳工藤」を提案したところ、これが大ウケ。結局、そのまま「ジュンク堂書店」に落ちつき、現在に至っている。

「三人寄れば足六本」で、アシックス？

多くの一流スポーツ選手が契約を結んでいるスポーツ用品メーカー「**アシックス**」。競技用シューズやスニーカーなどを製造・販売している。

アシックスは創業者の名を冠した「**オニツカタイガー**」が前身ブランドで、そのときの社名は「オニツカ」だった。オニツカの名前が飛躍的に知られるようになったのは、昭和三六年。創業者の鬼塚喜八郎は毎日マラソン出場のため来日したローマ五輪のマラソン覇者、アベベ・ビギラに「自社の軽い靴を履《は》いてほしい」と直接頼み込み、アベベはその靴を履いて優勝した。「裸足の王者」と呼ばれたアベベが靴を履いて優勝したとあって、オニツカのブランドは瞬く間に世界へ広まった。東京五輪ではオニツカの靴を履いた選手が体操、レスリング、バレーボール、マラソンなどで金メダル二〇個、銀メダル一六個、銅メダル一〇個を獲得。飛躍的な発展を遂げた。

そして昭和五二年、ほかのスポーツ用具メーカーと合併し、「アシックス」が誕生した。社名の由来は古代ローマの作家ユウェナリスが唱えた「もし神に祈るならば、心身ともに健康でありますように、と祈るべき」という言葉（Mens Sana in Corpore Sano）の「Mens」を「Anima」に置き換え、その頭文字（A・S・I・C・S）を並べ替えたものである。

ちなみに三社の代表が集まった際、足が六本あったことから「アシックス（脚SIX）」になったという説があるが、これは都市伝説の域を脱していない。

あまりにも個人的な由来を誇る社名

情報通信業の「**トラパンツ**」。この風変わりな社名は、創業者が少年時代に所属していたアマチュア野球チーム「虎パンツ工業高校」に由来している。少年野球時代に感じた、未来へのワクワク感やドキドキをもう一度感じる会社（チーム）を作りたい、という想いがこめられているそうだが、すごいのは、もとの野球チームの名前である。

サービス業の「**オフィス・サンタ**」は名前だけ聞くと、何となくサンタクロースの姿を思い浮かべてしまうが、ここの「サンタ」は創業者の筆名「山川三太」にちなんでいる。

飲食・宿泊業を営む有限会社「**ころのいえ**」のネーミングは、創業者が飼っていた愛犬「コロ」に由来する。子供も読めるよう、ひらがな表記にしている。

充塡機《じゅうてんき》メーカーという機械系の中でもとくにおカタい業種のナンバーワンを目指しているのが、「**株式会社ナオミ**」。機械メーカーといえば「○○製作所」「○○機械工業」など、いかにもという感じの社名が多いのだが、この会社はなぜか創業者の妻の名前が社名になっている。じつは充填機メーカーになる前から「ナオミ」の名前で別の商売をしており、充填機メーカーに転じたとき機械屋らしい名前に変えようとしたものの、「せっかく覚えやすい社名なのにもったいない」と周囲からの反対にあい、結局「ナオミ」のまま今に至っている。機械メーカーの中ではとくに珍しいこともあり、お客も「ああ、あの女の人の名前の会社ね」とすぐに覚えてもらえるようだ。

サービス業を営む**「ストロベリーコーポレーション」**の社名は、創業者がレストランで偶然メニューで見つけ、ためしに注文してみた「ストロベリースープ」がきっかけ。彼は「つねに好奇心を持っておくべき」という想いを込め、このときの「ストロベリー」を社名の中に採用している。

そして金融・保険業の「**丸三証券**」は、創業時の資本金が三万円、出資者・経営者が三人だったということもあり、縁の深い「三」を取り入れた「丸三証券」という社名になったという。

第7章　海の向こうにもある社名ストーリー

欧米の社名の王道は、やはり人名？

欧米で多いのは、自分の名前を社名にするパターンだ。**モリソンズ**とか**デニーズ**といった「コンマ＋S」社名は、創業者の名字からとったもの。日本語だと、「**長谷川萬治商店**」（東京木場の木材問屋）とか、出光佐三《いでみつさぞう》の「**出光**」というのと同じだ。しかし欧米の場合、創業者個人の名前にとどまらず、「**ワーナーブラザーズ**」というような、兄弟で始めたことを謳《うた》った社名もあれば、「**ジョン・プレイヤー&サンズ**（ジョン・プレイヤーと息子たち）」みたいな一族経営を絵に描いたような社名もたくさんある。兄弟会社のようなネーミングは日本でも見るには見るが、細かい親族の関係まで表わす社名はあまりないのではないだろうか。日本は家庭内のことは表には出さない、という暗黙の文化があるように思えるが、欧米はむしろ「よき家庭人であること」（あるいはそういうポーズをとること）は営業的な戦略ですらある。

さて、その好例は、日本でもハンバーガーレストランのチェーン展開で有名な**ウェンディーズ**。創業者はディブ・トーマスという人で、「ウェンディーズ」という店名は、彼の名前とはまったく関係がない。実はこれ、彼の末娘のあだ名から取られたもの。末娘の本名はメリンダなのだが、幼い頃自分の名前がはっきりと発音できず、ウインダと言っていたため家族の間で「ウェンディー」というあだ名がついていた。デイブにはほかに、パム、ケン、モリー、ローリーと全部で五人の子どもがおり、子煩悩だった彼は特定の子供でなければダメというわけではなかったが、一番語呂がいいウェンディーズに決めたという。ロゴの横でにっこり微笑む赤毛そばかす三つ編みの女の子はメリンダで、彼女の顔はウェンディーズのトレードマークとなって今に至っている。

ケンタッキーフライドチキンで稼いで、ウェンディーズを興す

さて、デイブ自身のエピソードだが、こちらもなかなかおもしろい。デイブは一九三二年アメリカ、アトランティック・シティで生まれ、その後すぐトーマス夫妻に養子に出されたが、五歳にして養母を失う。義父はその後、職を探してアメリカ全土を転々と渡り歩き、デイブは養父とともに流れ者のような生活を余儀なくされた。義父レックスは滅多にデイブと遊んでくれることはなかったが、外食のときだけは別だっ

た。近所のハンバーガーレストランで義父と向かい合ってハンバーガーを食べているときだけは、義父を独り占めしているような気分になれたという。また、周囲で食事を分け合って食べている家族連れを見るのも楽しかった。そのときの感動がレストランビジネスへと彼を駆り立てた原動力かもしれない。

デイブは一二歳から食料品店の配達を皮切りに、ソーダ水売り、レストランの皿洗いなど、仕事に明け暮れた。一五歳のときにYMCAに入学するも深夜までの仕事で疲れ果て、試験に落第するなど希望も何もない青春時代を送った。兵役を務めた後レストランに復職するのだが、そのときに気まぐれな幸運の女神はデイブに微笑んだ。雇い主はケンタッキーフライドチキンのフランチャイズを買って店を出したのだが、二〇〇万ドルの赤字を抱え経営難に陥っていた。ボスが冗談半分で言った言葉「この二〇〇万ドルの赤字を完済したら株の四五パーセントを譲ってもいい」を、デイブはチャンスととらえた。

当時一〇〇品目もあったメニューを大幅に絞り込み、数少ない商品を徹底的に宣伝した。宣伝費をかけずにコマーシャル、たとえばラジオ局にチキンナゲットを差し入れ、その見返りとしてケンタッキーフライドチキンのコマーシャルを流してもらうといった工夫が功を奏し、ほどなく二〇万ドルを完済したのである。そのときのチキンナゲットは副産物としてその後のヒット商品となった。デイブは約束どおり株を受け取り、それを一五〇〇万ドルで売却した。その金を資金に始めたのが**ウェンディーズ**なのである。開業は一九六九年、オーストラリア産のビーフのみを使い、作り置きではなく注文を受けてから調理するオーダーメイドシステムを導入、「品質こそが**ウェンディーズ**のレシピです」というキャッチフレーズで消費者の心をつかんだ。

一方、デイブ・トーマスは、自身の過去の体験から養子縁組のキャンペーンに力を入れたことでも知られる。一九九二年にNPO団体デイブ・トーマス基金を設立、孤児問題を世間に訴えた。養子縁組の手続きをもっと簡略化し、しかももっと少ない費用で養子を迎えられるように尽力した。一九九六年、養子を迎えた家庭への税金の控除が国会で可決されたとき、当時のクリントン大統領がデイブ・トーマスの「養子問題に関しての問題意識をアメリカ全土に広めた」功績に対し、謝意を述べたというエピソードが残っている。

船乗りはコーヒーがお好き？

一九七一年、アメリカのシアトルで誕生したスターバックスコーヒーは、瞬く間に世界中に広がり、平成七年、日本上陸。その抜群のコーヒーの味とファッショナブルな店内や小物の演出で、すっかりコーヒーショップの地位を確立した感がある。

このスターバックスという社名の由来を紐解《ひもと》けば、判で押したように、「メルビルの小説『白鯨《はくげい》（モビー・ディック）』に出てくる、スターバック一等航海士の名前からとった」と出てくる。なぜその一等航海士がコーヒー会社の名前と結びつくのかといえば、もともとの（実業家ハワード・シュルツがスターバックスコーヒーを買い取る前の）創立者三名のうちのひとりが、この本の大ファンだった、というのが公式発表となっている。

しかし、この「公式発表」に疑問を感じて、それを解明しようとした人物がいる。エリック・ニュウがその人で、彼によると、『白鯨』の話はコーヒーとは関係ないし、出てくるキャラクターもコーヒーを愛飲していたという話は聞かない。『白鯨』から名前をとったというのは無理がある、というのが仮説である。こうしてエリック・ニ

社名の由来は、命名者もよく覚えていない

ュウが見つけた真実は以下のとおり。

まず、創立者三人のうちのひとりが『白鯨』のファンというのは、本当の話だった。会社の名前をつけるときに、船の名前にちなんで「ピーコッド」というのはどうかと提案。でも他のふたりの反対にあって却下になった。三人はもっとシアトルらしい名前をつけようと相談し、ワシントン州のシンボルともいえる、シアトル郊外レーニア山の炭坑の飯場《はんば》だった「スターボ」はどうかということになった。

すると、この名前は『白鯨』に登場するスターバック一等航海士の名にも似ている。それで、スターバックスになったというのが、エリック・ニュウの結論だ。つまり、その名前は、『白鯨』の登場人物の名前からというより先に、シアトルのシンボルと強く関係している、複合的な名前だった、と。

「多くの都市伝説と同じで、この社名の由来には真実が含まれている。こうなってしまったのは由来をねつ造した、というよりはただ単に関係者の記憶が曖昧になってしまっただけ、といったところだろう」とエリック・ニュウ。

ルドルフとアドルフ、兄弟骨肉の争い

スポーツ用品の大手といえば、日本でも有名な**プーマ**と**アディダス**だが、この二社の創業者は実の兄弟である。

二十世紀初頭、ドイツ、ミュンヘン郊外ババリアの靴工場の工員だったクリストフ・ダスラーには、ルドルフとアドルフというふたり息子がおり、彼らもまた同じ製靴工場で働いていた、社交的な兄ルドルフはセールス向き、コツコツ型のアドルフは生産向きと、兄弟の性格は正反対だったが、最初はその性格の違いがかえってよく出て、父と息子ふたりは仲よく働いていた。

一九二四年、兄弟は独立、最初は協力して「ダスラー兄弟商会」を設立し、スポーツシューズを生産・販売し始めた。これまでスポーツ用のシューズといえども靴ひもを用いていたのをゴムに替え、革底をつけた正真正銘のスポーツシューズの誕生である。一九二〇年代不況がドイツを襲う中、同社だけは一〇万足のオーダーを受け、追い風を受けて本格的なスポーツシューズ工場を拡張した。社会情勢に敏感な兄ルドルフは、サッカーがメジャーなスポーツになっていくことをいち早く察知し、サッカー

シューズの生産を本格的に始めた。また一族の親しい知人である陸上コーチ、ヴァイツアーのアドバイスを受け、陸上スパイクの生産も始めた。一九二八年に行なわれたアムステルダム・オリンピックでは、何と選手の半数がダスラー・シューズを履いていたというから驚きだ。さらに一九三六年のベルリン・オリンピックではアメリカのジェシー・オーウェンが同社の靴を履いて男子短距離と跳躍種目で四冠を獲得したのはまたとないPRになった。

しかし好事魔《こうじま》多し、第二次世界大戦を境に兄弟の中は冷えきってしまう。というのも、兄ルドルフは戦場でアメリカ軍に捕らえられ捕虜収容所に送られたが、彼は、弟アドルフがナチスの軍靴を作っているということで、収容所仲間からずいぶん叩かれたのだった。弟アドルフは戦時中にアメリカ人にたくさんコネを作り、戦後になって、ナチズムからすっかり民主主義に感化されていたにもかかわらず、兄を救う努力をまったくしなかった。このことが兄ルドルフに消しがたい不信感を抱かせる。

いったんふたりで仕事を再開したものの、政治から会社の方向性、果てはそれぞれの妻の好みまでほとんどすべてのことで対立した。ふたりはついに袂を分かち、兄ル

「街を巻き込んでの兄弟の戦争」

ドルフは会社を出て橋を渡った場所に、自らのニックネーム「ルディ」をもじった社名「**ルーダ**」で、新会社を設立した。翌年、ルーダは音が似ていて、躍動感のある「プーマ」（大型のネコ科動物）に変更した。弟アドルフも同様にニックネーム「アディ・ダスラー」をもじった「アディダス」を設立する。

二社はいずれもふるさとの街に設立されたが、以降は死ぬまで犬猿の仲となって和解することはなかった。街を挙げて「プーマ」「アディダス」専用のレストランや店、ホテルが敵対し、互いに牽制し合った。「街全体を巻き込んでの兄弟の戦争だった」とは、ルドルフ・ダスラーの孫、フランク・ダスラーの当時を振り返っての証言である。

アグナリッド村、エルムタリッド農場のイングヴァール・カンプラードさん

日本の**NTT**が、ニッポン・テレグラフ・アンド・テレホン・コーポレーション（Nippon Telegraph and Telephone Corporation）の頭文字であるのと同様、海外の社名にも当然ながら、省略や頭文字などの組み合わせで社名を登録したケースが多く見られる。

手頃な価格の北欧家具を世界中に広めたＩＫＥＡ。日本名は「イケア」で本国スウェーデンと同じ発音だが、おもしろいことに英語圏では「アイケア」、オランダでは「オイキア」と発音するらしい。

この名称、創立者のイングヴァール・カンプラードの名前の頭文字と、彼が生まれ育った「エルムタリッド農場」とその所在地「アグナリッド村」の頭文字を続けて作ったもの。広大な森や湖に囲まれた人口二〇〇人あまりの寒村アグナリッドでの生活はカンプラードに「倹約は美徳」の精神を植えつけたという。

一九四三年、カンプラードが弱冠一七歳にして創立したＩＫＥＡにとって、「倹約の精神」は社訓でもある。世界一の億万長者になったこともあるカンプラードだが、「社員に範をたれる」という意味でも日々倹約の毎日を送る。出張で乗るのは特別特急券のいらない普通列車の自由席、宿泊はビジネスホテルの通常の部屋、航空券はもちろんエコノミークラス、車は国産車ボルボの中古を乗りつぶす。ＩＫＥＡがライバル社との競争に勝ち抜いたのは、フラットパック方式といって組み立て式家具をバラバラのまま販売し製品や運搬のコストを抑えたことと、ショールームをいち早く導入して斬新なデザインをわかりやすくアピールしたことによるといわれる。カンプラードは、一九八六年に公式には引退してはいるが、まだ八〇代で健在である。

CDショップ「HMV」とビクター犬の関係とは

一九九〇年に日本に進出、二〇〇七年に**大和証券SMBCプリンシパル・インベストメンツ**に買収された件も記憶に新しい、**HMV**。この大手音楽ソフト販売会社にも社名の逸話がある。

HMVは、「His Master's Voice（ヒズ・マスターズ・ヴォイス）」、つまり「彼の主人の声」という意味の言葉の頭文字を並べたもの。なんだか宗教がかっているようにも聞こえるが、そうではない。日本では**ビクター**の商標に使われたことで知られる「蓄音機に耳を傾けている犬」の絵の題名が、この「His Master's Voice」なのである。

HMVの前身は、**ベルリーナ・グラモフォン社**といって、当初は蓄音機（グラモフ

あの有名な犬の絵が命名の由来

ォン）を販売していた。同社は一八九七年イギリスで設立されたのだが、犬のイメージを使うようになったエピソードが一風変わっている。貧しい画家フランシス・バロードは、自分の愛犬ニッパーが音楽に耳を傾ける絵を描きたいと思ったのだが、モデルになる蓄音機がなく、それを借りようと同社を訪れた。しかしそのときに借りたのは、グラモフォンではなくフォノグラフという、音量も控えめで形も異なる機材だった。それでもニッパーがフォノグラフのスピーカーに耳を傾ける仕草はかわいく、絵は傑作に仕上がった。それを見たベルリーナ・グラモフォン社は会社の商標としてその絵を使うことを決め、バロードから犬の絵を買い取った。その際に、グラモフォンという社名にフォノグラフはおかしいということで、あらためて蓄音機に描き直された。「彼の主人の声」というタイトルにふさわしく、犬の主人に対する愛情が伝わってくるこの絵は、それ以降広告などでは常に使われ、おなじみになった。

HMVは、イギリスで最初に音楽の有料ダウンロードを小売として配信したことで有名だが、蓄音機販売から音楽配信に至るまでにはさまざまなビジネスを試みている。例えば一九六〇年代にはレコーディングスタジオなども所有し、貸しスタジオ業務なども行なっていた。一九六二年二月八日、オックスフォードストリートにあるHMVスタジオにリバプールからひとりの男がデモテープを持ってやってきた。七八回転のレコード盤にそれを焼いてほしいという。担当者だったジム・フォイはバンド演奏が入ったテープを再生して驚いた。すごい才能だと感じたのだ。ジムはテープを持ってきた男に、知り合いのレーベルを紹介してやろうかと持ちかけた。そしてパーロフォン・レーベルとの契約がまとまった。

テープを持ってきた男はブライアン・エプスタイン、そしてパーロフォンと契約したバンドは後のビートルズである。

さて話は戻って、ニッパー君の日本でのイメージはといえば、ビクター。もともとは前出のベルリーナ・グラモフォン社の子会社として、一九〇一年に「**ビクタートーキングマシンカンパニー**」という社名で設立された。ビクターの名前の由来なのだが、「創業者エルドリッジ・ジョンソンがビジネス・ビクトリー（ビジネスの勝利）を目標にしていたから」とか「ベルリーナ・グラモフォン社がフォノグラフを駆逐した勝利者だから」あるいは「ビジネスパートナーだったダグラスの妻の名前ビクトリアから取った」また「ジョンソンの愛用していたオバーマン・ホイールカンパニー製造のビクターという商品名の自転車から」という説まであるが、最初のふたつが有力視されている。ということは、「ビクトリー」がビクターになったということになるのだが。海のものとも山のものともつかない会社を立ち上げるときなどは、案外そんな冗談半分のネーミングで決まってしまったりするのもまた事実かもしれない。

「トイザらス」の「ら」は、なぜ〝ひらがな〟なのか？

郊外型大型玩具店、**トイザらス**。カタカナとひらがなが混じったあの不思議な文字は、と気になっている方も多いのではないだろうか。

あの字面は本家のアメリカで正式な会社名がToys"R"Us（私たちはオモチャです）となっているものを、なんとかそのエッセンスを損なわないように日本語化した、見事な翻訳なのである。

さて、本国におけるトイザらスの設立は一九四八年。二五歳のチャールズ・ラザラスは首都のワシントンＤＣで、長年の夢であった子ども用品の店「チルドレンズ・バーゲン・タウン」を開いた。最初に扱っていたのはベビーベッドやベビー家具類。でも顧客からの要望が多かったため、オモチャを扱うことを決意した。それを販売してからチャールズが学んだのは、オモチャは子どもの成長に合わせてどんどん買い替えていくので多くの客はリピーターになる、ということだった。一〇年後、チャールズはスーパーマーケット方式の玩具店を考案。客が商品を手に取って試すことができ、それをかごに入れてレジに持っていくスタイルである。「チルドレンズ・スーパーマート」と名づけた店は成功し、二号店を出す段になったところで、チャールズは店の名前の変更を考えた。

考え抜いた末選んだのが、Toys“R”Usだった。このRは鏡文字「Я」である。文字を覚え始めたばかりの子どもはどの国でもよく鏡文字を書く。しかも書き下すと“Toys are us〟という文章なのだが、（ネイティブが読むとトイザラスという発音になる）これは英語の用法としては間違っている。こういう親や先生を怒らせそうな「けしからん」名前は、きっと注目を集めるだろうとチャールズは考えた。店は、チャールズの思惑どおり話題になり、瞬《またた》く間に売り上げを伸ばした。現在ではアメリカだけで六〇〇店舗、世界三三国に七〇〇〇店舗の展開を見せている。うち、日本のトイザらスは一五〇店舗。ウイットに富んでインパクトがある日本語訳「トイザらス」がその成功に貢献していることは間違いない。

「私は廻《まわ》る」という意味の車

「ボルボ」はラテン語で「私は廻る」という意味を持つ。このブランドのイメージは、頑丈な車なのだが、スピンしてしまっては元も子もない。どうして「廻る」などという名前なのだろう。

スウェーデンの自動車メーカー・ボルボは、もともとは一九〇七年創立のスウェーデンの大手ベアリングメーカーSFK社が一九一五年に自動車向け部品などを製造する子会社を設立し社名をボルボとしたのが始まり。「廻る」はベアリングからの発想だろう。第一次世界大戦の勃発で子会社は休業を余儀なくされたが、創業者のアッサール・ガブリエルソンとグスタフ・ラーソンは、一九二七年に第一号車「ヤコブ」の完成とともにボルボの名称を譲り受け、独立した自動車会社として再スタートした。

ちなみに有名なシンボルマーク（♂）はアイアンマークと呼ばれている。右上矢印付きの円は、西洋文化の最も古い表意文字のひとつで、ローマ帝国時代には「火星」を表わしていたという。火星はローマ神話の軍神マルスであることから、このマークは「男性」をも象徴。おなじみのオスとメスの記号の起源である。また、戦いとの関連から、ローマ時代に武器の材料として使用されていた「鉄」も表わすようになった。スウェーデンは高品質で耐久性に優れた「スウェーデン鋼」の産出国だったので、このマークが「鉄産業」のシンボルにもなり、そこから鉄を使った自動車のシンボルとして、また母体が世界的に有名なベアリングメーカーＳＦＫであることも含み、ボルボ社に採用されたのである。

レブソン兄弟が作った会社なのに、なぜレブロンなのか？

美しくありたい、という女性の願いを叶《かな》える化粧品会社の場合、会社の名前にも気をつかわざるを得ない。あまりにも実用一点張りの社名では、売れる商品も売れなくなってしまう。夢があって、美の要素を表わし（少なくともそう聞こえる）、夢を与える名前でなくてはならない。

苦肉の策と言ったら失礼かもしれないが、創業者たちの名字を組み合わせてできた社名が**レブロン**（REVLON）。ふたりのレブソン（REVSON）兄弟に加えて、ラックマン（LACHMAN）という男の頭文字「L」をはめ込んでレブロンになった。チャールズ・レブソンは腕利きのセールスマンだった。**エルカ**という化粧品会社に勤めていたが独立の夢を持っていた。ラックマンとどのように出会ったかは明らかにされていないが、とにかくふたりは組んで商売を立ち上げた。しかし実際のところ、レブロンでの彼は決して有能ではなかったという話が伝わっている。それではなぜ、ラックマンの名前のひと文字が社名に入ったのか。それだけの貢献を彼はしたのである。

当時、マニキュアはある種の染料を使っており、塗ってから乾くまでが時間がかかって厄介だった。ドレスデンでのラックマンの仕事仲間にテイラー・シャーウッド博士という人物がおり、科学者だった博士がラックマンの依頼で「速乾性の光るエナメル調マニキュア」を作り出したのは一九三二年、世界大恐慌のまっただ中のことだった。無機化学物ピグメントを原料に、はっきりした不透明な色のマニキュアを開発、その商品は瞬く間にアメリカの女性を魅了した。この功績で、ラックマンは社の貢献者となり、社名にLの字が入ってレブロンになったといわれている。つまり「今までになかったマニキュアを作り出すことができた科学者を知っていた」というのがラックマンの功績のすべてだった。彼自身は優秀な科学者でもなかったし、やり手のセールスマンでもなかった。

世界初の速乾性ネイルエナメルのおかげで急成長を遂げた化粧品会社レブロンは、ラックマンを「生ける銅像」のように扱った。会社の経営、新商品の開発、製造工場の管理はすべてチャールズ・レブソンとその弟が行ない、ラックマンは出社はするが、仕事らしい仕事もせずに給料やボーナスをもらっていた。社員たちはみんな、ラックマンが「会社にその名を刻んだ功労者ではあるが、実質的には何の権限も持っていない人物」であることを知っていた。現に社長のチャールズが「何もさせるな」と言っているのを聞いた社員すらいたようだ。それでも過去の遺物をそのまま手元に置いた彼の懐は深いというほかない。

チャールズがレブロンを率いていた時代には、レブロンはマニキュアに続いて快進撃を止めなかった。マニキュアとコーディネートできる口紅、新しい香水と商品のラインナップを増やしていった。そして当時の化粧品のPR戦略が、「近所のきれいなお姉さん」風のイメージだったのを逆手に取って、「セクシーな女性」を強調した。レブロンのマーケティングは成功し、ブランドイメージを鮮やかに印象づけた。あるジャーナリストがチャールズに「原価四〇セントの口紅を五ドルで売ることについてどう思っているのか」と聞いたことがあるが、彼は少しも動揺せず「私が売っているのは口紅ではない、希望を売っているんだ」と答えたエピソードはあまりにも有名である。

ちなみに、外資系化粧品会社の社名には、なぜか人の名前が多く採用されている。**マックスファクター**と**ヘレナ ルビンスタイン**はどちらもポーランド出身の創立者の名前から(マックスファクターの後継者は、本名とは別にマックス・ファクター二世、三世といった名称で呼ばれているらしい)、**エスティローダー**は創立者ジョゼフ・ローダーの家族の名前から、**エリザベス アーデン**も創立者の名前だが、これは本人のビジネスネームで、親友だった女性の名前「エリザベス」とテニソンの詩に出てくる人物「エノック・アーデン」とを組み合わせた名前だ。本名はフローレンス・ナイティンゲール・グレアム。そちらもなかなかユニークな名前ではある。

こだわりを社名に

ユニークといえば、植物性の原料にこだわった化粧品で一九九八年に日本上陸を果たした**ロクシタン**の社名の由来で、これは古代言語・オック語の「オクシタニアの女性」を意味する単語である。オクシタニアとは、南フランスからコートダジュールを経てイタリア北東部などの地中海沿岸地方、スペインのカタルーニア地方などを含む地域。一四世紀にフランス王国に併合されるまで独自の言語（オック語）や文化を持っていた。オック語はもともとロマンシュ語という古い言語族に属し、中世には宮廷詩人たちが詩や劇をオック語で披露していた。

オクシタニアに生まれ、その地域を愛し、誇りを持っているオリビエ・ボーサンは、大学生のときに「ロクシタン」を設立。みずから野にでて野生のローズマリーを摘んで、水蒸気の蒸留器を使ってエッセンスを抽出し、地元の露店市で販売し始めたのが最初だという。創業から五年目の一九八一年のある日、ボーサンは偶然、地元でシャッターの閉まった石鹼工場を見かけ、そこにいた工場のオーナーと話し込む。伝統的な方法で無添加、天然成分だけの石鹼を作ってみたいのだが、というボーサンの打ち明け話に、オーナーは工場をそっくり買わないか、と持ちかけた。工場を閉めて引退したいと思っていたところだという。話はトントン拍子に決まり、ボーサンは買い取ったその工場で、マルセイユの海水とオリーブオイルを原料にした伝統石鹼を基本に低刺激性の石鹼を製造・販売、その結果、売り上げを三倍と飛躍的に伸ばした。

ボーサンのこだわりは三〇年を経た今も健在で、本社と製造拠点はオクシタニアの地・南フランスから移転する計画はまったくないのだという。

その発音はちょっと……

創業時はとてもそこまで考えている余裕はないが、会社がどんどん成長して国際企業になると、とたんに問題になってくるのが社名の「名前の国際性」だ。序章でも述べたが、松下電器は、創業九〇年にしてパナソニックと社名変更。巨大化してしまった本社は、「マツシタ」というどうにも通りがよくない音を持つ社名を、それまで変えるに変えられなかった、というのが本音だろう。伝説の創業者から来ているというアイデンティティも、社名をいじれなかった理由のひとつだ。こうした、母国の言語であれば問題のない社名も、世界を相手にするといささか問題、というケースは実は少なくない（だから最近では、世界を相手にする業種の場合は最初からどんな国の人も発音できる社名を選ぶという）。

たとえば、**クノール**。このドイツのスープ会社の名前を正しく発音すれば、「ノール」。最初のKは発音しないし、最後のRも、舌を丸めてどちらかというと「ノーア」みたいな音で終わる、日本人には親しみがわかず、なんとも発音しづらい社名なのだ。ドイツのカール・ハインリッヒ・ノールが二〇世紀初頭に作った会社なので、そのまま社名になった。ところが昭和三〇年代末に味の素がライセンシーを取得してこのブランド名でスープを発売するときに「そのままでは日本人向きではないので、ちょっと発音を変えて」と考え、現在のクノールにしたというのだから、なかなかの英断といえるだろう。

スポーツカーの**ジャガー**も、英語での発音は「ジャギュア」になり、カタカナ的に「ジャガー」と発音しても現地では通じない。といっても、動物の豹＝ジャガーの意味は変わりないのだけれど。この会社、一九二二年にイギリスのブラックプールで創業しており、当時の社名は「**スワロー**（つばめ）**・サイドカー・カンパニー**」。名前どおり、サイドカーを製造する会社だったが、何とも弱そうである。

一九三五年、自前の自動車の生産に踏み切るとき、新たな社名を広告代理店ネルソンに頼んでつけてもらうことになった。当時ネルソンに勤務していたビル・ランキンが、車につけるアクセサリーとして考えていた、走っている豹のイメージを社長のウィリアム・ライオンズに見せたところ、ライオンズは「フェンスを飛び越えようとして撃たれたネコみたいな」、そのスピード感のあるイメージが気に入ったという。このイメージはロゴになって、長い間同社のイメージとして親しまれることになる。そのときの社名候補として動物の名前が多く挙がったようだが、それは創業者の「ライオンズ」姓から来ているのか、創業時の社名から来ているのかは不明。多分両方だろう。

アップルコンピュータは、商標侵害？

今をときめくマッキントッシュの旧**アップルコンピュータ**（現在は**アップル・インコーポレイテッド**）。創立者のジョブズとウォズニアック、ふたりのスティーブが、一九七〇年当時カリフォルニア大学バークレー校で出合い、コンピュータを作って売り出した……。今では神話のようになったこの成功物語だが、「アップル」という社名はさまざまな波紋を呼んで現在に至っている。一九七六年に正式に会社として登記する段になって「アップル」という名前が選ばれた説はいくつかある。

ひとつ目はジョブズの親しい友人にリンゴ園の息子がいて、ジョブズがよくそこに遊びにいって休暇を過ごしていたこと。

ふたつ目は、ジョブズが一九七四年の初めに**アタリ**という会社の下級エンジニアとして採用され、コンピューターゲームの開発をさせられていたことがあったので、電話帳ではアタリの前に掲載される会社を作ってスカッとしたかったというもの。ただこれは、Aで始まる社名を採用した理由でしかない。

しかし何といっても決定的だと思われているのが、ジョブズのビートルズ好きに由来する理由である。ビートルズも**アップル**（正式には**アップル・コープス**）というレコード会社をイギリスで設立していたのは周知の事実だ。しかしまあ、そのときはまだ会社もどうなるかわからないということで、「なるようになる」と考えた。ビートルズへの思いから、アップルコンピュータという名前で会社は登記された。

しかし幸か不幸か、会社は順調に売り上げを伸ばし、じきにイギリスの本家から目をつけられることになった。一九七八年、イギリスのアップル・コープスは、アメリカのアップルコンピュータに対し「商標を侵害した」と訴訟を起こし勝訴。一九八一年、アップルコンピュータは八万ドルの罰金の支払いと「音楽業界への進出はしない」という誓約書の提出を命じられ、一応の和解を見た。しかし、コンピューターは従来の業界のカテゴリーでは計れない可能性を秘めていた。コンピューターにCDドライブなどの機能がついていくのを見て、本家アップルは「音楽業界への進出は協定違反だ」としておよそ二六〇億円の支払いを勝ち取る。だが後に、音楽の配信は本当の意味での音楽業界への進出には当たらないとし、判決を部分的に覆される一幕などもあって、もはや両社の主張に結論は出ないかと思われた。

そして、二〇〇七年に話は急展開する。**アップルインコーポレイテッド**と名称変更をしたアップルコンピュータが「アップル名」とリンゴの商標すべての権利を取得、イギリスのアップル・コープスに対して「逆ライセンス供与」をするという最終的な決着がついた。「ビートルズファンであるわれわれにとって係争はいたたまれないものだった。決着がついてうれしい」とジョブズはコメントし、ビートルズ側からも「アップル社の今後の発展を心から祈りたい」とのコメントが出され、まさに雨ふって地固まるといった展開になった。

「一〇の一〇〇乗」がグーグル

さてアップルもそうだが、学生上がりもしくはまだ学生の起業家が、安いガレージを借りて創業、数年後には大企業に発展、というのがシリコンバレー・ドリームの特徴である。検索エンジンで世界制覇を果たした**グーグル**もそのひとつ。こちらはスタンフォード大学の仲間、ラリー・ペイジとサーゲイ・ブリンが創立したが、一九九五年にペイジがインターネットで大学のリンクの整理を始めたことがきっかけだ。一万人ものリンクをどうやったら効率よくわかりやすく整理して表示できるか——が検索エンジンのアイデアへとつながった。関連性が高い順にリンクをランキングのように表示する、という検索結果画面を見たブリンが、「このシステムを使ってもっといい検索エンジンを作ろう」とペイジに持ちかけたという。この検索エンジンのビジネスに投資したのが**サン・マイクロシステムズ**のベクトル・シャイムだった。一〇万ドルの小切手がふたりに送られ、一九九八年、シリコンバレーでふたりはグーグルを設立した。グーグルの名称は、ふたりが愛読していた本『数学と想像力』といういささか通俗的な数学の解説本に載っていた造語で一〇の一〇〇乗を表わすグーゴル(Googol)をもじったもの。ちなみにグーグルの造語は、アメリカの数学者エドワード・カスナーの甥ミルトン・シロッタ。彼はこの本の共同著者だったのだ。

「ポルトガル・マイクロソフト」の社名オークション

ＩＴ関係の名称をめぐるトラブルといえば、**マイクロソフト**もそのひとつ。アメリカの企業であるマイクロソフトがポルトガルでビジネスを開始したのが一九九〇年なのだが、実はポルトガルではすでに九年前の一九八一年に同名の別会社が企業名の登録を行なっていた。米マイクロソフトはこの名称をポルトガルでは使うことができず、代わりにMFSTという名前でビジネス展開してきた。

ポルトガル・マイクロソフト社は何度も名称の売却を提案したが、値段の折り合いがつかなかったらしく、とうとうインターネット競売にかけると言い出す始末。まだネゴは続いているらしいが、当社は最低売却価格を一万ドル（約一億円）としている。確かに国際企業の場合、名称が海外ですでに登録されている可能性は常にあり、グローバル展開ならではの頭痛の種かもしれない。

もうひとつ、検索エンジンの「**ヤフー！**」の社名由来もおもしろい。こちらは「YET ANOTHER HIERARCHICAL OFFICIOUS ORACLE」（またまたこれも、肩書き主義でおせっかいな神託）という言葉の頭文字をとったと思われていたが、創立者のジェリー・ヤンとデビッド・ファィロご両人の正式見解として、ガリバー旅行記にでてくる「野蛮であか抜けない礼儀知らずの」ヤフーからとった、というメッセージが**ヤフー！**の正式なプレスリリースに掲載されている。正式名称にヤフー！が使われる前は「ジェリーとデビッドのワールドワイド・ウエブガイド」というまことにあか抜けない名称だった。ちなみに、ヤフー！が最初に誕生したのは、「アケボノ」というニックネームを持つヤンのコンピューターと「コニシキ」というニックネームを持つファイロのコンピューターの中だった、というのは本当の話だ。

カードの名前が、なぜエキスプレス（速達）なのか？

さて、今ではオンラインショッピングなどには欠かせない電子通貨となっているクレジットカード。その名前も誕生時の役割や背景が絡んでいて興味深い。まずは一九五〇年にアメリカで産声を上げた**ダイナースカード**。ダイナースというのは「正餐をとる人」という意味で、もとはダイナースクラブという会員制のグルメ&旅行クラブの創立者であるフランク・マクナマラ氏が発明した「ツケ払いカード」だった。

その前年、マクナマラ氏は友人ふたりと外食に出かけ、財布を忘れたことに気づく。結局家人に幾ばくかの現金を届けさせてことなきを得たが、そのときの不安で恥ずかしかった経験が、つけ払いカードの発想に結びついたという。が一方で、この話はフィクションという説も根強い。いったいマクナマラ氏とは誰なのか。さらにクレジットカードを財布に入れるのであれば、財布を忘れたらカードも結局忘れるのではないか、という根本的な疑問も未解決である。まあ、きっかけはともかく、ダイナースクラブが当時旅行や外食を頻繁《ひんぱん》にする金持ちのための会員制クラブであり、手持ちのキャッシュが少なくてもとりあえず支払いができることで使い勝手がよく、さらに高級レストランにとっては顧客確保にもつながるという利害が一致して、つけ払いカードの誕生となったことは確かだろう。

さて、もうひとつのセレブなカードといえば、**アメリカン・エキスプレス・カード**、通称アメックス。こちらは一八五〇年にアメリカのバッファローで設立された速達宅配便業務会社がスタートさせたもので、エキスプレス（速達）のネーミングはそこから来ている。その後為替送金業務で頭角を現した同社は、ニューヨークへ本店を移し、やがて業務を銀行や証券などの金融業に幅広く拡張していく。

アメックスの発展を決定づけたのは、創立メンバーのひとりウイリアム・ファーゴが発案したトラベラーズチェックの発行。慣れない土地を旅するビジネスマンやファミリーに、現地で安全に現金が受け取れるトラベラーズチェックは大変心強かった。もちろん世界初のトラベラーズチェック。戦時下でも交換を保証したため信用を得て、アメックスは金融業への進出を果たすことになった。

旅行者相手のビジネスが多かったため、敗戦後の日本にも一九五四年にはすでに支店を設けるなど海外展開も素早かった。「出かけるときは忘れずに」のTVCFも、日本での知名度も上げるのに一役かった。なお、一般のグリーンカード、ひとつ上を行くゴールド・カード、そしてVIP御用達のプラチナ・カード、近年でさらにアメックスがとくに選んだ特別会員対象のセンチュリオン・カードが話題を呼んでいる。曰く「カードで家が買える」「カードで戦車や戦闘機が買える」はたまた「センチュリオンメンバーは戦争などの非常時に特別機に乗って脱出できるサービスがついている」などなど、ほとんど都市伝説まがいの噂が飛び交っているのもステイタスを物語っていておもしろい。

参考資料

『誰かに教えたくなる社名の由来』Part1（講談社刊・本間之英著）
『誰かに教えたくなる社名の由来』Part2（講談社刊・本間之英著）
『アンデスメロンは安心です』（ぶんか社刊・田中ひろみ著）
『隠されてきた銀行の真実』（ファーストプレス刊・戸谷圭子著）
『文藝春秋』2008年4月号
『今さら他人には聞けない疑問650』（光文社刊・エンサイクロネット編）

http://www.kyoto-wel.com/yomoyama/yomoyama10/023/023.htm
http://www.kyomeibutuhyakumikai.jp/honkethuruyanaganobu.htm
http://kigyo.aluku.net/
http://www.usiwakamaru.or.jp/~doraemon/jyuku/syamei.htm
http://www.yurai.jp/
http://www.specialist-net.jp/

http://www.kobe-fugetsudo.co.jp/
http://www.fugetsudo-ueno.co.jp/
http://www.tokyo-fugetsudo.co.jp/

http://www.taisei.co.jp/

http://www.toraya-group.co.jp/

http://www.kyoto-wel.com/yomoyama/yomoyama10/023/023.htm
http://www.kyomeibutuhyakumikai.jp/honkethuruyanaganobu.htm]

http://www.ffortune.net/social/people/nihon-today/hayakawa-sharp.htm
http://web-box.jp/dazake/essei/hayakawa.html
http://web-box.jp/dazake/essei/hayakawa.html
http://www.lacar.com/lenfrank/volvo's.htm
http://www.geocities.co.jp/MotorCity/7637/v40_new.htm
http://www.skf.com/portal/skf/home/about?contentId=187512&lang=en
http://www.ffortune.net/social/people/nihon-today/hayakawa-sharp.htm

http://blog.hudson.co.jp/shibatablog/archives/cat56/
http://www.yukan-fuji.com/archives/2005/05/post_2251.html
http://www.aohata.co.jp/mc002_blueflag/birth/index.html
http://www.opi-net.com/opiken/200603_02.html
http://plaza.rakuten.co.jp/susan0228/diary/200902090000/

http://www.tachikawaonline.jp/database/interview/donki.htm
http://atamanisutto.livedoor.biz/archives/cat_50006239.html
http://radio.weblogs.com/0118865/stories/2004/08/03/theConciseAndCorrectExplanationOfTheStarbucksNamingMyth.html
http://plaza.rakuten.co.jp/hisatune/diary/200805250000/
http://www.geocities.jp/hirapyan/iesunomitama.html
http://www.shikoku-np.co.jp/kagawa_news/economy/article.aspx?id=20030821000092

http://urbanzipper.com/adidas_vs_puma.htm
http://www.newsweek.com/id/132068
http://skillstorage.com/archives/000181.html
http://www3.toysrus.com/about/ourHistory.cfm
http://www2.toysrus.co.jp/toy/storeinfo/store/

http://www.geocities.jp/kazumihome2004/13-1.html
http://www.takenaka.co.jp/corp/history.html
http://www.geocities.jp/kazumihome2004/13-1.html
http://www.takenaka.co.jp/corp/history.html
http://akitu.client.jp/denim/denim3.htm
http://www.asante.co.jp/company/c09.html
http://www.kodomo-namae.net/yurai.html
http://www.sanrio.co.jp/corporate/about/message.html
http://www.nmk.gr.jp/j-hair10_1.html
http://www.benesse.co.jp/brand/benesse02.html
http://homepage2.nifty.com/yurai/name2E.html#%81|%83}%81|
http://www.maybelline.co.jp/about_us/l282l283.htm

キリトリ線

★読者のみなさまにお願い

この本をお読みになって、どんな感想をお持ちでしょうか。次ページの「100字書評」（原稿用紙）にご記入のうえ、ページを切りとり、左記編集部までお送りいただけたらありがたく存じます。今後の企画の参考にさせていただきます。また、電子メールでも結構です。

お寄せいただいた「100字書評」は、ご了解のうえ新聞・雑誌などを通じて紹介させていただくこともあります。採用の場合は、特製図書カードを差しあげます。

なお、ご記入のお名前、ご住所、ご連絡先等は、書評紹介の事前了解、謝礼のお届け以外の目的で利用することはありません。また、それらの情報を六カ月を超えて保管することもありません。

〒一〇一―八七〇一　東京都千代田区神田神保町三―六―五　九段尚学ビル
祥伝社　書籍出版部　祥伝社新書編集部
電話〇三（三二六五）二三一〇　E-Mail : shinsho@shodensha.co.jp

★本書の購入動機（新聞名か雑誌名、あるいは○をつけてください）

＿＿＿＿新聞の広告を見て	＿＿＿＿誌の広告を見て	＿＿＿＿新聞の書評を見て	＿＿＿＿誌の書評を見て	書店で見かけて	知人のすすめで

★100字書評……意外と知らない「社名」の話

名前					
住所					
年齢					
職業					

瀬戸環　せと・たまき

千葉県生まれ。(株) G.B. ロンドン支社長。幅広いジャンルの著述・編集を手がけるが、メディア・コミュニケーションを学ぶため留学したのを機に、ロンドンに活動の本拠地を移す。日本とイギリスのコンテンツを相互に紹介している。著書に、『歴史を変えた動物たち』『ペットロスの真実』、共著に『徳川三代のトラウマ』など。

意外《いがい》と知《し》らない「社名《しやめい》」の話《はなし》

瀬《せ》戸《と》環《たまき》

2009年 4 月30日　初版第 1 刷発行

発行者……………竹内和芳

発行所……………祥伝社《しょうでんしゃ》

〒101-8701　東京都千代田区神田神保町3-6-5
電話　03(3265)2081(販売部)
電話　03(3265)2310(編集部)
電話　03(3265)3622(業務部)
ホームページ　http://www.shodensha.co.jp/

装丁者……………盛川和洋

印刷所……………萩原印刷

製本所……………ナショナル製本

造本には十分注意しておりますが、万一、落丁、乱丁などの不良品がありましたら、「業務部」あてにお送りください。送料小社負担にてお取り替えいたします。

ⓒ Seto Tamaki 2009

Printed in Japan　ISBN978-4-396-11156-4　C0236

〈祥伝社新書〉

好調近刊書—ユニークな視点で斬る!—

120
感情暴走社会
「心のムラ」と上手につきあう
すぐキレる人、増加中……。周囲と摩擦を起こさず、穏やかに暮らす処方箋!
精神科医
和田秀樹

126
破局噴火
秒読みに入った人類滅亡の日
日本が火山列島であることを忘れるな。七千年に一回の超巨大噴火がくる!
日本大学教授
高橋正樹

127
江戸の下半身事情
割床《わりどこ》、鳥屋《とや》、陰間《かげま》、飯盛《めしもり》……世界に冠たるフーゾク都市「江戸」の案内書!
作家
永井義男

130
100円ショップの会計学
決算書で読む「儲け」のからくり
なぜこんなに安く売れるのか?——財務諸表を見れば、商売の秘密がわかる!
公認会計士
増田茂行

135
残業をゼロにする「ビジネス時間簿」
「A4ノートに、1日10分」つけるだけ! 時間の使い方が劇的に変わる!
時間デザイナー
あらかわ菜《な》美《み》